Hans Michael Engelke

PYRENÄEN
mit Costa Brava
auf dem Motorrad entdecken

Biker Betten
Motorrad Reisebuch

WWW.ENGELKE.TV

Hans Michael und Angelika Engelke sind begeisterte Motorradjournalisten und Fotografen.

Die Pyrenäen – zwei Länder teilen sich diese faszinierende Gebirgskette. Das heißt, eigentlich sind es ja drei. Denn zu Frankreich und Spanien gesellt sich noch das oft zu Unrecht unterschlagene Fürstentum Andorra. Gut 430 Kilometer lang und bis zu 130 Kilometer breit ist das Gebirge, welches die Iberische Halbinsel vom Rest Europas trennt. Und fast jeder Quadratmeter dieser riesigen Fläche ist ein Traum für reisende Motorradfahrer.

Immer wieder sind wir in den vielen Jahren unserer eigenen Motorradgeschichte in dem Grenzgebirge unterwegs gewesen. Wir geben zu, sogar sehr viel öfter als in den Alpen. Nicht, dass wir etwa etwas gegen die Alpen hätten, auf keinen Fall! Aber das Ursprüngliche, die von uns so geschätzte Einsamkeit auf unentdeckten Bergstraßen, die Abgeschiedenheit uriger Bergdörfer, das ist für uns das Faszinierende an den Pyrenäen. Auf jeder Reise entdecken wir Neues, werden überrascht von der großartigen Natur, von den netten und freundlichen Menschen und von dem großen Kontrast, mit dem sich die einzelnen Regionen der Pyrenäen präsentieren.

Die zerklüftete Küste der Costa Brava und der Côte Vermeille, das hügelige Pyrenäenvorland des Département Aude, die Hochpyrenäen mit ihren mächtigen Gipfeln und unvergleichlichen Pässen, die historische, an den Südwesten Amerikas erinnernde Region des einstigen Königreichs Aragon oder die grünen Berghänge an der Biskaya – kaum ein europäisches Gebirge präsentiert sich so abwechslungsreich wie die Pyrenäen.

Gewaltige Bergketten

Auf vielfältige Weise lässt sich das Gebirge erkunden. Wer 14 Tage Zeit hat oder – noch besser – einen dreiwöchigen Urlaub, dem empfehlen wir eine Überquerung der Pyrenäen vom Mittelmeer zum Atlantik oder eben umgekehrt. Zwar gibt es dafür keine durchgehende Route, da fast alle Pässe und Täler in Nord-Süd-Richtung verlaufen, aber gerade das macht den Reiz dieser Reise aus. Der häufige Wechsel zwischen Frankreich und Spanien zeigt dabei so richtig die Vielfalt dieser gewaltigen Bergkette. Nur zehn

Tage oder etwa nur eine Woche Zeit? Auch kein Problem! Mit einem Basislager in den Hochpyrenäen lassen sich in dieser Zeit locker die höchsten und schönsten Pässe erkunden, in den östlichen Pyrenäen locken die grandiosen Routen rund um Andorra und die wilden Küstenstraßen, und in den westlichen, den atlantischen Pyrenäen, wartet das bergige Baskenland mit seinen spannenden Routen.

Der wahre Genuss

Wir schätzen das Motorradparadies Pyrenäen aber nicht nur für seinen grandiosen Fahrspaß, auch kulturell hat die Gebirgskette reichlich zu bieten. Das Erkunden uriger Burgruinen, das Bummeln durch die kopfsteingepflasterten, mittelalterlichen Gassen uralter Bergdörfer oder ein Besuch in einem der unzähligen, oft mit viel Liebe zum Detail gestalteten Museen erweitert den geistigen Horizont und wirkt erholsam auf verkrampfte Motorradfahrer-Beine. Und wenn man dann noch gelegentlich die Wanderschuhe statt der Motorradstiefel anzieht, lassen sich einige der schönsten Wanderrouten Europas „antesten".

Wir fühlen uns in den Pyrenäen stets willkommen. Einladende Unterkünfte jeglicher Couleur und eine freundliche und unkomplizierte Gastronomie machen das Reisen zu einem wahren Genuss. Irgendwie kommt man auch ohne französische und spanische Sprachkenntnisse immer weiter, zur Not mit Händen und Füßen. Ein freundliches „Bonjour" oder „Hola" öffnet schon die erste Tür.

Jetzt, wo wir dieses Vorwort schreiben, packt uns gerade wieder eine Welle des Fernwehs und wir würden am liebsten sofort wieder losfahren. Wenn wir mit diesem Buch bei dem einen oder anderen Motorradreisenden das gleiche Gefühl geweckt haben sollten, haben wir unsere Mission schon fast erfüllt. Und wenn wir dann mit unseren Tipps, Fotos und Vorschlägen zum Gelingen einer spannenden Pyrenäentour beitragen konnten, ist alles perfekt.

Gute Reise, viel Spaß!

Wir laden alle Leser und Interessierten ganz herzlich zum Dialog auf unserer Internetseite www.engelke.tv ein und freuen uns über Rückmeldungen und Kontakte mit unseren Lesern. Übrigens, auch wir sind immer für gute Vorschläge und Hinweise empfänglich. Vielleicht schreiben Sie uns ja auch mal, was Sie demnächst von uns lesen möchten. Und wer weiß, vielleicht begegnen wir uns ja auch mal irgendwo draußen auf der Straße und tauschen dort noch ein, zwei Tipps miteinander aus, wir würden uns sehr freuen!

Bis dann, gute Reise und ganz viel Spaß in den Pyrenäen,

Hans Michael und Angelika Engelke

4 ÜBERSICHTSKARTE TOUREN

8 HIGHLIGHTS PYRENÄEN

14 EINLEITUNG PYRENÄEN

20 TOUR 1 ZWISCHEN ANDORRA UND DEM MITTELMEER
Kurven, Cols und Kehren

36 TOUR 2 IN DER SERRA DEL CADÍ
Einsames Spanien

52 TOUR 3 ARAGÓN
Das unbekannte Land

68 TOUR 4 DIE COSTA BRAVA
Meer und mehr

84 TOUR 5 VON BIARRITZ IN DIE PYRENÄEN
Unter Pilgern

100 TOUR 6 DIE KATALANISCHEN PYRENÄEN
Kleines Kanada

114 TOUR 7 DAS DÉPARTEMENT AUDE
Canyon, Küste und Kastelle

128 TOUR 8 IN DEN HOCHPYRENÄEN
Hoch hinaus

144 TOUR 9 AN DER CÔTE BASQUE
Grenzerfahrung

160 TOUR 10 DIE ZENTRALPYRENÄEN
Tour de Cols

176 ALLGEMEINES PYRENÄEN

182 SPRACHFÜHRER FRANZÖSISCH & SPANISCH
Kleiner Sprachführer

190 REGISTER STÄDTE | ORTE

192 IMPRESSUM

A62
E72
A63
E05
E70
A65
Mont-de-Marsan
A62
Donostia/S.Sebastián
Bayonne
Biarritz
A64
E80
9
5
Pau
8
Pamplona (Iruñea)
E07
Lourdes
A64
AP-15
Foix
Jaca
10
3
Andorra la Vella
Huesca
2
A-23
AP-68
E07
A-22
E90
Zaragoza
Lleida
E90
AP-2
Terrassa
Alcañiz
Tarragona
AP-7

1. ZWISCHEN ANDORRA UND DEM MITTELMEER
2. IN DER SERRA DEL CADÍ
3. ARAGÓN
4. DIE COSTA BRAVA
5. VON BIARRITZ IN DIE PYRENÄEN
6. DIE KATALANISCHEN PYRENÄEN
7. DAS DÉPARTEMENT AUDE
8. IN DEN HOCHPYRENÄEN
9. AN DER CÔTE BASQUE
10. DIE ZENTRALPYRENÄEN

Am **Cirque du Litor**

Die rund 35 Kilometer lange Strecke von Arrens nach Laruns über den Col du Soulor und den Col d'Aubisque ist fahrerisch und landschaftlich ein Traum.

GPS 42.976460, -0.339952

Der **Col du Tourmalet**

Der höchste Straßenpass der französischen Pyrenäen und Dauerbrenner bei der Tour de France: Der Col du Tourmalet ist immer eine Reise wert.

GPS 42.907576, 0.145180

Die Serra del Cadí

Die kurvenreiche Fahrt durch den Südwesten der spanischen Serra del Cadí und die tolle Anfahrt über Odèn und den Coll de Jou garantieren Fahrspaß erster Klasse.

GPS 42.138565, 1.539374

An Aussichten mangelt es nicht in den Pyrenäen.

Grenzerfahrung

Die mächtigen Pyrenäen trennen Frankreich und Spanien, für Motorradfahrer verbinden sie Fahrspaß mit Natur pur.

Letztendlich ist es eine fortwährende Kollision, der wir das fantastische Gebirge, das wir heute Pyrenäen nennen, zu verdanken haben. Nämlich der Kollision zwischen der iberischen und der eurasischen Platte. Seit annähernd 100 Millionen Jahren bewegen sich die beiden Kontinente aufeinander zu, kollidierten schließlich und falteten sich zu der rund 430 Kilometer langen Gebirgskette zwischen Atlantik und Mittelmeer zusammen.

Die natürliche Grenze der Pyrenäen verbindet Spanien und Frankreich, wobei gut zwei Drittel des Gebirges auf spanischer Seite liegen. Auf der französischen Seite steigt der etwa 100 Kilometer breite Gebirgszug schnell und steil an, auf der Seite der Iberischen Halbinsel läuft er flacher aus. Rund 200 Gipfel der Pyrenäen sind über 3000 Meter hoch. Der höchste, Pico de Aneto im spanischen Maladeta-Massiv, misst gut 3400 Meter.

Im Osten gehen die Pyrenäen steil und schroff ins Mittelmeer über. Zehn Kilometer vor der Küste ragen die Berge noch 1000 Meter in die Höhe. Im Westen geht das Grenzgebirge flacher in den Atlantik über und setzt sich sanfter gewellt im Baskenland fort.

Die weitaus meisten Pässe in den Pyrenäen verlaufen in Nord-Süd-Richtung, eine Folge der Gletschertätigkeit der vergangenen Jahrtausende. Durch die zunehmende Erderwärmung nimmt die Zahl der Pyrenäengletscher zur Zeit dramatisch ab. Schätzungen zufolge wird es ab 2050 kein ewiges Eis mehr zwischen Spanien und Frankreich geben.

Eine durchgehende Linie zur Befahrung des Pyrenäenhauptkamms in Ost-West-Richtung gibt es nicht. Hier heißt es immer wieder die Richtung zu wechseln - was aber durchaus sehr reizvoll ist.

GESCHICHTE

Eine einheitliche Geschichte der riesigen Pyrenäen zu beschreiben ist schlechterdings unmöglich. Durch die geologische Situation und Lage haben die unterschiedlichen Regionen auch unterschiedliche Entwicklungen hinter sich. Manchmal mehr und manchmal weniger abhängig voneinander.

Der erste nachgewiesene menschliche Bewohner der Pyrenäen war der Homo erectus, dessen Schädel 1971 in einer Höhle bei Tautavel gefunden wurde. Man geht davon aus, dass er vor etwa 450 000 Jahren hier lebte. Wandmalereien und einfachste Werkzeuge als prähistorische Hinterlassenschaften wurden in vielen Höhlen der Pyrenäenkette gefunden. Ebenso unzählige Menhire und Dolmen aus der Zeit bis etwa 2 000 Jahre vor unserer Zeitrechnung.

Zuerst besiedelten Kelten und Germanen die Pyrenäen, 300 v. Chr. folgten die Karthager. Hannibal, bekannter karthagischer Heerführer, überquerte zuerst die Pyrenäen, um anschließend mit der legendären Alpenüberquerung gegen Rom zu ziehen. Bekanntlich gewannen die Römer den Konflikt und besetzten ihrerseits für viele Jahrhunderte die Iberische Halbinsel. Sie waren es auch, die als erste die heilenden Kräfte der Quellen erkannten und in den Pyrenäen eine entsprechende Badekultur installierten.

Die Pyrenäen sind Natur pur, wie hier am Rio Ara.

Nach einem kurzen Gastspiel der Vandalen etablierten sich im 5. Jahrhundert die Westgoten im gesamten

Pyrenäenraum, in Spanien und Südfrankreich. Mit dem Einmarsch der Mauren, etwa 300 Jahre später, begann deren lange Herrschaft, kurz unterbrochen vom Einmarsch der Franken. Im 11. Jahrhundert eroberten die Franzosen Spanien und damit die Pyrenäen Stück für Stück zurück. Die folgenden Jahrhunderte waren geprägt von Religionskonflikten und Gemetzel zwischen diversen Königreichen und Bündnissen, die ganze Geschichtsbücher füllen. Der Spanische Erbfolgekrieg, der Spanische Unabhängigkeitskrieg, der schließlich 1813 die Grenzen zwischen Frankreich und Spanien festigte, die Französische Revolution, der Spanische Bürgerkrieg – immer war die Region hart umkämpft. Im zweiten Weltkrieg verhielt sich Spanien neutral. Tausende Menschen flüchteten über Schmugglerpfade durch die Pyrenäen vor den Nazis, was deutsche Soldaten dazu veranlasste, viele Bergdörfer dem Erdboden gleichzumachen. Die damit provozierte Landflucht der Pyrenäenbewohner hält aus wirtschaftlichen Gründen bis heute an.

Liebeserklärung an die Tour de France.

Katalonien im Nordosten der Iberischen Halbinsel und das Baskenland, die Grenzregion an der Atlantikküste zwischen Spanien und Frankreich, streben bis heute nach Autonomie. In den 1950er Jahren gründete sich deshalb im Baskenland die ETA mit dem Ziel, durch gewalttätige Aktionen und Terroranschläge einen eigenständigen baskischen Staat zu erzwingen. 2011 wurde ein Waffenstillstand vereinbart, 2014 löste sich die ETA offiziell auf.

GESCHICHTEN ZUR REGION – PELOTA

Im Westen der Pyrenäen und vor allem im Baskenland wundern sich Reisende bei ihrem ersten Besuch häufig über Spielfelder, oft mitten im Dorf, die entfernte Ähnlichkeit mit einem Squash-Court haben. Sie sind jedoch größer, haben eine hohe Rückwand – oft eine Hauswand – und sind

zur Stirnseite offen. Hier wird Pelota gespielt, ein Rückschlag-Ballspiel baskischen Ursprungs.

Im Prinzip geht es darum, ähnlich wie beim Squash, den Ball über die Wand zu spielen, der gegnerische Spieler muss ihn in einem bestimmten Bereich des Feldes annehmen und über die Wand zurückspielen. Es gibt verschiedene Varianten. In Spanien wird der Ball meist mit der bloßen Hand geschlagen. In anderen Varianten gibt es dafür einen einfachen Holzschläger oder eine Art Handschuh mit einem integrierten Korb. Pelota ist vor allem im Baskenland ungemein populär und ein echter Volkssport, der auch im Fernsehen übertragen wird. Der baskische Pelotaball besteht üblicherweise aus einem Holz- oder Kautschukkern, um den einige Lagen Stoff, Leder oder Latex gewickelt sind, manchmal wird auch mit einem Vollgummiball gespielt. Er ist nie perfekt rund, seine Flugbahn kann daher nie exakt vorausgesehen werden.

Das sogenannte Pelota mano, das Spiel mit der bloßen Hand, ist unglaublich hart und extrem schmerzhaft. Die zahlreichen Schläge gegen den schnellen, harten Ball treiben das Blut in die Hände, die dabei enorm anschwellen. In der Vergangenheit schnitten sich manche Pelotari mit Rasierklingen die Handrücken auf, um den Druck und damit den Schmerz zu lindern. Nicht selten kommt es auch heute noch beim Spiel zu ernsthaften Verletzungen. So mancher Machismo, der einst seine Männlichkeit im Spiel beweisen musste, zahlt heute mit einer verkrüppelten Hand. Heute bandagieren die Spieler meist ihr Hände mit Leukoplast, um sich vor den Folgen zu schützen.

Neben dem Spiel auf dem klassischen Pelota-Platz, dem Fronton, gibt es auch noch eine Variante, die in der Halle gespielt wird: Diese nennt sich dann Trinquet.

KULINARISCHES

Auch wenn es um das leibliche Wohl geht, ist eine einheitliche Beschreibung über die ganzen Pyrenäen hinweg nicht machbar. Zu unterschiedlich sind die Regionen, zu unterschiedlich auch die nationalen Gewohnheiten. So lebt natürlich die baskische Küche unter anderem von Fisch und Meeresfrüchten. Da wäre zum Beispiel die Ttoro, eine schmackhafte und reichlich gefüllte Fischsuppe. Begeistert haben wir uns auch für den Bayonner Schinken, den Jambon de Bayonne

Eiserne Gemse – gibt's auch in echt.

Lokale Märkte bieten leckere Spezialitäten.

oder das Poulet basquaise, ein Hühnchen mit einer Art Chili, Tomaten und Paprika und natürlich viel Knoblauch.

Weiter entfernt von der Küste, steht in Frankreich oft der Garbure auf der Speisekarte: ein leckerer Eintopf mit Fleisch und Gemüse der Region. Auf die berühmte Foie Gras, die Gänsestopfleber, verzichten wir persönlich der Herstellung wegen lieber, aber das sollte jeder für sich entscheiden. Unser Favorit hingegen sind die immer wieder richtig köstlichen Fromage de brebis, die verschiedenen Schafskäse, die wir uns gerne direkt vom Bauernhof holen. Für Freunde des Deftigen empfehlen wir La Mounjetado, den herzhaften Bohneneintopf mit Wurst oder Geflügel und Schinkenspeck. Aber Vorsicht, nachts sollte dann das Fenster geöffnet bleiben. Nähert man sich durch die Berge dem Mittelmeer wird es – wie sollte es anders sein – mediterran. Die Bullinada, eine Fischsuppe mit Kartoffeln und andere mediterrane Fischgerichte häufen sich auf den Karten, wie auch Bouillabaisse und Ratatouille und viele Leckereien mit Tomaten, Auberginen und Oliven.

Tendenziell sieht es in Spanien nicht anders aus. Fisch und Meeresfrüchte am Meer, Calderete, der gute Eintopf aus Fleisch, Gemüse und Kartoffeln, überzeugt im Landesinneren. Die rauschenden Bergbäche der Pyrenäen

Morgens im Netz, abends auf dem Teller.

Hungern muss man nicht in den Pyrenäen.

beheimaten köstliche Forellen. Die frische Forelle mit Schinken, Trucha a la Navarra, ist meist ein Gedicht. Köstlich finden wir auch immer wieder die frisch zubereiteten Salate. Ein einfacher Tomatensalat mit Olivenöl und frischem Brot ist quasi die Pflicht, der Ensalada Aragon mit Tomaten, Zwiebeln, Oliven und Schinken die Kür.

Spanien, das ist natürlich überall das Land der Tapas, der kleinen Appetithäppchen. Die Spielarten der Tapas sind unzählbar, das kann ein Stückchen Schinken mit Olive sein, eine frittierte Sardelle, ein Fleischstückchen mit Soße, ein Stück Käse, eine speckummantelte Pflaume – einfach alles, was schmeckt. Tapas werden üblicherweise in Tapas-Bars oder Bodegas serviert. Eigentlich werden sie meist mit einem Bier, Wein oder einem Sherry serviert und sind eine kostenlose Beilage zum Getränk. Oft werden sie jedoch auch als eigene Mahlzeit geordert. Das ist dann eine Ración, eine größere Menge oder eben ein Pincho – im Baskenland Pintxo – mit einer aufwändigeren Zubereitung.

Apropos Wein: Sowohl in Katalonien als auch im Baskenland gibt es hervorragende Pyrenäen-Weine. In der Region um Banyuls lockt besonders der „Porto des Pyrénées", der süße, goldfarbene Pyrenäen-Portwein. Im Weinbaugebiet Côtes du Roussillon, das große Flächen des Département Pyrénées-Orientales rund um Perpignan erfasst, überzeugen kräftige Rotweine. Aus der Region rund um Pau hingegen kommt der geschätzte Jurançon, ein trockener oder süßer Weißwein.

Wer nach dem Essen auf Kräuter oder Anis steht, ordert im spanischen Baskenland und in Navarra einen Pacharán, den herzhaften Schnaps aus Schlehen und Anis. An der französischen Biskaya hingegen wird der Izarra, ein leicht grüner Likör aus bis zu 30 Pyrenäen-Kräutern, bevorzugt. ◂

Kurven, Cols **und Kehren**

Andorra ist das ideale Basislager für spannende Motorradtouren durch die Pyrenäen. Zwischen dem Fürstentum und dem Mittelmeer liegen einige der schönsten Pyrenäenpässe, und an den steilen Osthängen der Pyrenäen warten kurvenreiche Bergstraßen jeglicher Couleur auf erlebnishungrige Motorradfahrer. Mit der Zitadelle von Mont-Louis wartet diese Route auch mit einem echten kulturellen Highlight auf.

Rund um das Tal des Têt liegen herrliche Landschaften.

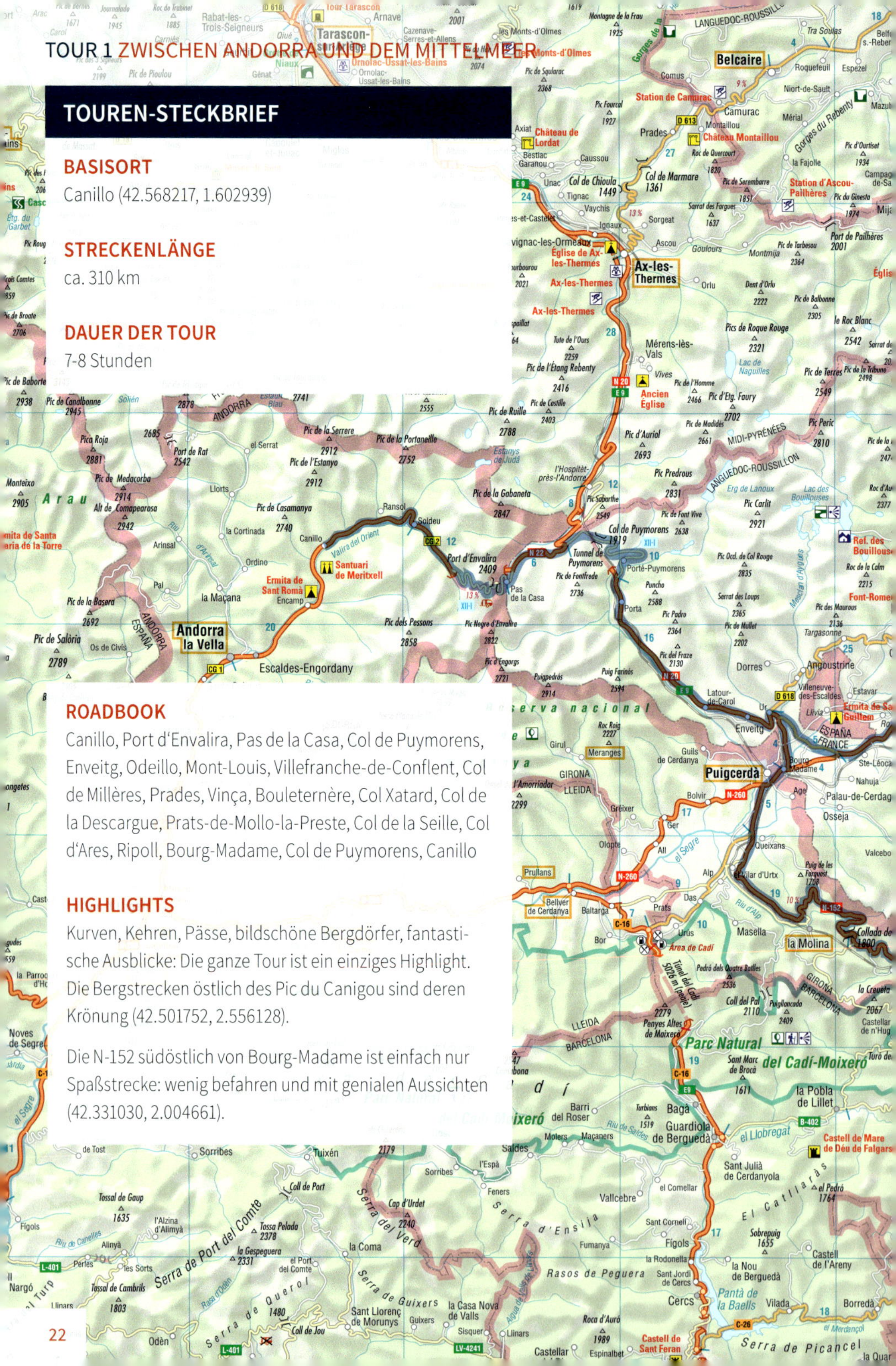

TOUREN-STECKBRIEF

BASISORT
Canillo (42.568217, 1.602939)

STRECKENLÄNGE
ca. 310 km

DAUER DER TOUR
7-8 Stunden

ROADBOOK
Canillo, Port d'Envalira, Pas de la Casa, Col de Puymorens, Enveitg, Odeillo, Mont-Louis, Villefranche-de-Conflent, Col de Millères, Prades, Vinça, Bouleternère, Col Xatard, Col de la Descargue, Prats-de-Mollo-la-Preste, Col de la Seille, Col d'Ares, Ripoll, Bourg-Madame, Col de Puymorens, Canillo

HIGHLIGHTS
Kurven, Kehren, Pässe, bildschöne Bergdörfer, fantastische Ausblicke: Die ganze Tour ist ein einziges Highlight. Die Bergstrecken östlich des Pic du Canigou sind deren Krönung (42.501752, 2.556128).

Die N-152 südöstlich von Bourg-Madame ist einfach nur Spaßstrecke: wenig befahren und mit genialen Aussichten (42.331030, 2.004661).

Défilé de Pierre Lys
Col Campérie
517
Caudiès-de-Fenouillèdes
St-Paul-de-Fenouillet
Église de St-Paul-de-Fenouillet
Château de Quéribus
Maury
Château de Tautavel
Tautavel
Axat
Château de Puilaurens
Lapradelle
Château St-Pierre
Castel Fizel
Musée de la Ville
Ermitage St-Vincent
Latour-de-France
Estagel
Gorges de St-Georges
Gorges de l'Aude
Grottes de l'Aguzou
Forêt de Boucheville
Col de Mars
551
St-Martin
St-Arnac
Lesquerde
Rasiguères
Planèzes
Montner
Col de la Dona
200
Pont-Aqueduc Romain
Barrage de l'Agly
Cassagnes
Caramany
Trilla
Felluns
Ansignan
Lansac
Sournia
Château de Campoussy
Chapelle St-Michel
Chapelle de Campoussy
Musée de Bélesta
Bélesta
Col des Auzines
Trévillach
Montalba-le-Château
Château de Montalba-le-Château
Orgues
Néfiach
Millas
Corneilla-la-Rivière
Pézilla-la-Rivière
Ille-sur-Têt
Chalepe de Ille-sur-Têt
Musée de Ille-sur-Têt
Retenue de Vinça
Rodès
Ancienne Prieuré
Forêt de Salvanère
Forêt de Lapazeuil
Col de Jau
1513
Ref. de Caillau
Molitg-les-Bains
N.-D. de Riquer
Eus
Catllar
Bouleternère
Vinça
Rigarda
PRADES
Chapelle de Prades
Musée de Prades
Ria-Sirach
Conat
Reserve Naturelle de Conat
Nohèdes
Urbanya
Puig d'Escoutou
2293
Musée de Villefranche
Fort Libéria
Villefranche-de-Conflent
Corneilla-de-Conflent
Tour de Cours
Clara
Taurinya
Fillols
Vernet-les-Bains
Château de Filols
Abbaye de St-Martin-du-Canigou
Prieuré de Serrabone
Casefabre
Boule-d'Amont
Chapelle de la Trinité
Col de Fourtou
655
Belpuig
Col Xatard
754
Col Palomère
1036
Calmeilles
Église de Calmeilles
Église de Montauriol
Llauro
Col de Llauro
St-Ferréol Ermitage
Céret
Conflent
Matemale
Château de Evol
Chapelle de Evol
Olette
Souanyas
Escaro
Nyer
Aérodrome de Mont-Louis-La Quillanne
Mont-Louis
Pont Gisclard
Gorges de la Carança
Saint-Pierre dels Forcats
Eyne 2600
Station de St-Pierre-dels-Forcats
Parc Animalier
Mont Canigou
2785
Puig Barbet
2748
Tour de Goa
Puig des Tres Vents
2763
Réserve Naturelle de Py
Réserve Naturelle de Mantet
Réserve Naturelle de Prats-de-Mollo-la-Preste
Forêt Domaniale de Corsavy
Musée de Palada
Palada
Amélie-les-Bains Palalda
Musée Amélie
Musée de Corsavy
Corsavy
Gorges de la Fou
Arles-s.-Tech
Musée de Montferrer
Montferrer
Tour de Cos
Stèle des Evadés
Vallespir
Fort Lagarde
la Preste
Prats-de-Mollo-la-Preste
Remparts de Fort
Musée de Prats
Tour de Mir
Les Bains de la Preste
Musée de Serralongue
Serralongue
Musée de St-Laurent
St-Laurent-de-Cerdans
Tours de Cabrens
Golf de Villeroge
FRANCE
ESPAÑA
Mont Capell
1194
Castell de Grillera
1056
Maçanet de Cabrenys
Reserva Nacional Freser i Setcases
Puigmal
2910
Bastiments
2882
Núria
Setcases
Espinavell
Col d'Arós
1513
Molló
Llanars
Ermita de Sant Pere
Camprodon
Pont de Camprodon
Castell de Creixenturri
Comanegra
1558
Ribes de Freser
Planoles
Serra Cavallera
Sant Pau de Segúries
Vall del Bac
Serra de Malforat
Serra de Sant Amanç
Sant Joan de les Abadesses
Monestir Sant Joan
Campdevànol
RIPOLL
Monestir Santa Maria
Museu Etnogràfic
Ermita de Sant Pere d'Auira
Colldecanes
Coll de Canes
Vallfogona de Ripollès
L'Hostalnou de Bianya
Sant Joan les Fonts
Castellfollit de la Roca
Ermita de Castellfollit
Museu de l'Embotit
Besalú
Pont Fortifikat
Parc Natural
Zona Volcània de la Garrotxa
OLOT
Ermita de Sant Esteve
Museu de la Garrotxa
Sant Julià del Mont
Serra de Santa Magdalena
Sant Quirze de Besora
Castell de Montesquiu
Montesqui
Ermita de Mare Déu del Mont
Ermita de Santa Maria
Ermita de Santa Maria de Porqueres
GIRONA
BARCELONA

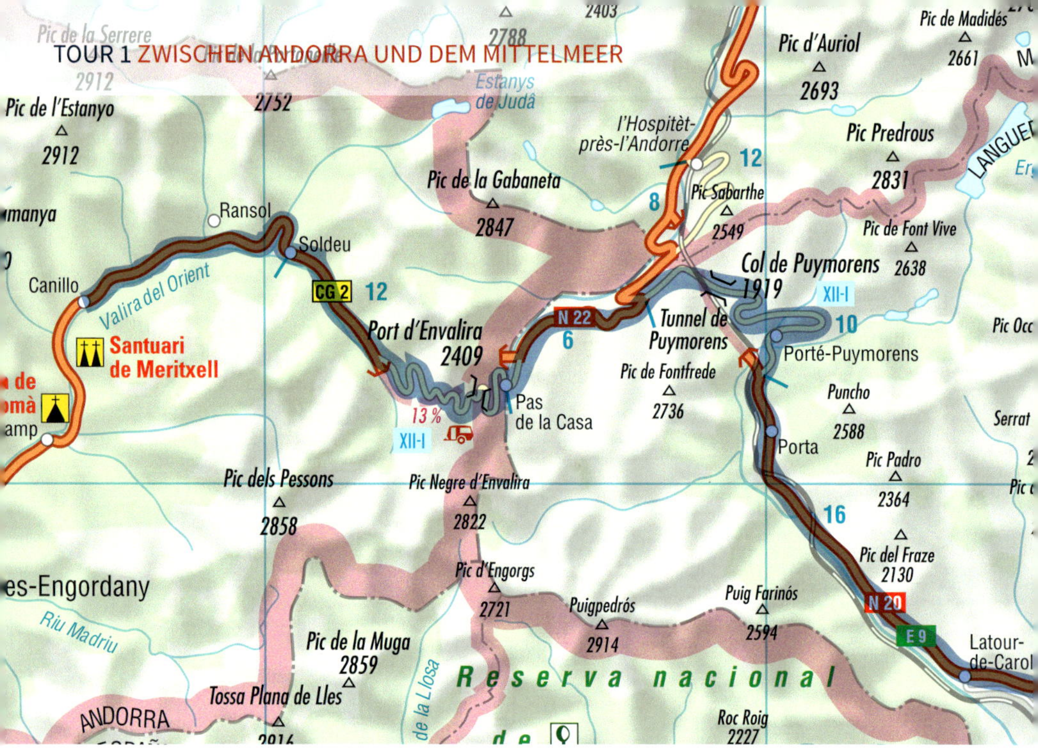

Leise blubbert die Kaffeemaschine vor sich hin, draußen zwitschern die Amseln ihre Grüße und in Millionen Tautropfen spiegeln sich die ersten Sonnenstrahlen auf der Wiese. Idyllisch ist er am Morgen, der Campingplatz Casal mitten im kleinen, netten Städtchen *Canillo* in *Andorra*. Für uns ist der familiär geführte Platz das ideale Basislager für ein paar spannende Touren durch die östlichen Pyrenäen und über einige der schönsten Pyrenäenpässe.

Freie Bahn am Port d'Envalira.

Kernige Schräglagen

Schnell noch das letzte Stück Baguette, den letzten Schluck Kaffee, dann geht's los. Nur wenige Minuten später rollen wir schon aus Canillo hinaus in Richtung Osten. Auf der super ausgebauten *CG-2* geht es hinüber nach Frankreich. Wir sind noch fast alleine unterwegs, freuen uns über die herrlichen freien Blicke über das bergige Land und steuern den *Port d'Envalira* an. Dieser Bergpass ist eine Alternative zum viel schnelleren Envalira-

Tunnel. Aber ehrlich, welcher Motorradfahrer würde wegen eines Tunnels auf den Pass verzichten? In weiten Kehren windet sich der Asphalt durch saftige grüne Wiesen hinauf in die Berge. Kernige Schräglagen gleich nach dem Frühstück: einfach perfekt.

Die grandiose Landschaft am Col de Puymorens …

Es geht rund

In *Pas de la Casa* ist erstmal Schluss mit dem Spaß. Das Bergdorf liegt in 2 080 Metern Höhe direkt an der französischen Grenze. Hier ist fast immer etwas los. In den 1980er Jahren wurden hier die ersten Schneekanonen der Pyrenäen installiert und seitdem unzählige Abfahrtshänge und Pisten präpariert. Mindestens 25 Skilifte liegen rund um den Ort verteilt, und unzählige Hotels und Pensionen warten auf erlebnishungrige Skifahrer. Aber auch im Sommer geht es hier rund. Viele Franzosen nutzen die Möglichkeit des zollfreien Einkaufens in Andorra und an der nahe gelegenen Grenzstation gibt es deshalb schon mal recht knackige Staus. Als Moppedfahrer kann

… und die zugehörige Passhöhe.

es einem egal sein. Die Straße ist breit genug, um an der Blechlawine vorbei zu rollen und die Grenzer interessieren sich meist nicht wirklich für einspurig fahrende Touristen.

Jetzt und hier am Morgen ist eh noch nicht viel los, und gleich hinter der Grenze geht unser Kurvenspaß weiter. Der fast 2 000 Meter hohe *Col de Puymorens* empfängt uns in Frankreich mit vielen Kehren und entlang der *N20* wedeln wir weiter nach Osten. Kurz streifen wir bei *Enveitg* die Grenze nach Spanien, dann biegen wir auf die *D618* ab: das nächste Kurvenparadies. In wilden Schwüngen passieren wir den kleinen Ort *Odeillo*. Der ist in zweierlei Hinsicht recht interessant.

Hinter dem Col de Puymorens wartet dieses wehrhafte Gemäuer.

3 600 Grad Hitze

Hier steht weithin sichtbar einer der ersten und größten Solarschmelzöfen der Welt. Mittels des riesigen, über 50 Meter hohen Hohlspiegels werden über 1000 Kilowatt thermischer Leistung und damit über 3 600 Grad Hitze erzeugt. Der zu Forschungszwecken gebaute Komplex lässt sich besichtigen und ist nicht nur für Hobby-Physiker und -Astronomen hochinteressant. Außerdem ist Odeillo eine Haltestelle der Schmalspurbahn „petit train jaune", einer sehr beliebten

Touristen-Eisenbahn mit der höchst gelegenen Schienenstrecke Frankreichs. Wir nehmen uns fest vor, demnächst mal eine spannende Runde mit der gelben Bahn zu drehen.

Jetzt geht es aber auf zwei Rädern weiter. Wir passieren den in 1600 Metern Höhe liegenden Festungsort *Mont-Louis*, dessen Zitadelle und mächtige Stadtmauern nicht umsonst zum UNESCO-Welterbe zählen, und schlängeln uns entlang der unglaublich kurvenreichen *N116* via *Olette* nach *Villefranche-de-Conflent*. Ist die Festung von *Mont-Louis* schon beeindruckend, so haut uns Villefranche-de-Conflent förmlich aus den Schuhen. Von der Vereinigung „Les Plus Beaux Villages de France“ zu einem der schönsten Dörfer Frankreichs erklärt, glänzt die befestigte Stadt mit einer gewaltigen Stadtmauern mit nicht weniger als acht Türmen und sechs Bastionen. Zudem liegt gleich oberhalb der Altstadt das mächtige Fort Libéria, ebenfalls ein UNESCO-

Kurvenspaß auf der D618 vor Odeillo.

Die Festung von Mont-Louis.

Welterbe. Wir schlendern durch die urigen, engen Gassen, staunen über die alten, wehrhaften Gemäuer und genießen in einem der einladenden Straßencafés einen leckeren Café au lait.

Nur fünfeinhalb Kilometer wären es weiter über die N116 nach Prades. Viel spannender ist jedoch die 17 Kilometer lange Schleife über die *D116* und die *D27* dorthin. Gesagt, getan. Über die herrlich verwinkelte, überaus kurvenreiche Strecke mit tollen Aussichtspunkten und dem *Col de Millères* macht das natürlich doppelt und dreifach Spaß. Via *Prades* erreichen wir entlang des Flusses *Têt* schließlich *Vinça*. Hier bildet der aufgestaute Têt den *Lac de Vinça* und es sind gerade mal noch 30 Kilometer bis nach *Perpignan*, der Hauptstadt des *Départements Pyrénées-Orientales* und damit auch an die *Côte Vermeille*, den südlichsten Abschnitt der französischen Mittelmeerküste. Natürlich wollen wir uns irgendwann auch diese tolle Küste mit ihrer fantastischen, felsigen Küstenstraße nicht entgehen lassen, heute stehen aber Bergpässe und Kehren auf dem Programm. Also biegen wir bei *Bouleternère* auf die *D618* ab, die auch ganz offiziell *Route des Cols* heißt und von hier in 45 Ki-

Uriges Pyrenäendorf in Grenznähe.

PRADES
Vinça
Chapelle de Prades
Musée de Prades
N.-D. de Riquér
Ancienne Prieuré
Musée de Ille-sur-Têt
Dolmen St-Michel
Prieuré de Serrabone
Tour de Cours
Villefranche-de-Conflent
Corneilla-de-Conflent
Château de Fillos
Abbaye de St-Martin-du-Canigou
Chapelle de la Trinité
Col de Fourto 655
Col Xatard 754
Col Paloumère 1036
Église de Calmeilles
Mont Canigou 2785
Puig Barbet 2748
Pic Joffre 2413
Parc Animalier
Tour de Goa
Forêt Domaniale de Corsavy
Musée de Palada
Amélie-les-Bains Palalda
Musée de Corsavy
Gorges de la Fou
Arles-s.-Tech
Musée de Montferrer
Tour de Cos
Fort Lagarde
Réserve Naturelle de Py
Réserve Naturelle de Prats-de-Mollo-la Preste
Puig des Tres Vents 2763
la Preste
Prats de-Mollo la Preste
Remparts de Fort
Musée de Prats
Tour de Mir
les Bains de la Preste
Musée de Serralongue
Musée de St-Laurent
Tours de Cabrens
Golf de Villeroge
Col d'Arós 1513
Molló
Llanars
Ermita de Sant Pere
Camprodon
Comanegra 1558
Vallespir
FRANCE
ESPAÑA
N 116
D 115
C-38

Äußerst spannende Bergstrecken …

… locken im Osten dieser Tour.

lometer Länge bis *Amélie-les-Bains-Palalda* führt.

Welch eine Traumstrecke! Schluchten, Kehren, Kurven – auf schmalem Asphalt geht es auf und ab, kreuz und quer durch die Berge. Ganz alleine sind wir hier unterwegs, genießen Fahrspaß und tolle Aussichten. In der Nähe des 752 Meter hohen *Col Xatard* suchen wir uns einen netten Picknickplatz mit Aussicht, genießen die Stille der Bergwelt und schlemmen knuspriges Baguette, französischen Käse und ein bisschen frisches Obst.

Aussichten zur Belohnung

Hier verlassen wir dann auch die D618. Wer sich vor unbefestigten Wegen fürchtet, fährt sie einfach weiter bis Amélie-les-Bains-Palalda und von dort auf die *D115*. Ich lenke unsere BMW in Richtung des *Col de la Descargue:* eine grandiose Strecke mit einigen

Einsam und bildschön: der Col de Palomère.

unasphaltierten Abschnitten, die aber durchaus mit jedem Motorrad zu schaffen sind. Sollte man auch machen, wenn es irgendwie geht. Denn zur Belohnung gibt es unglaublich schöne Aussichten. Über die Berglandschaft hinweg fällt der Blick weit in Richtung Osten auf das flache Küstenvorland und das tief dunkelblau schimmernde Mittelmeer. Immer höher schraubt

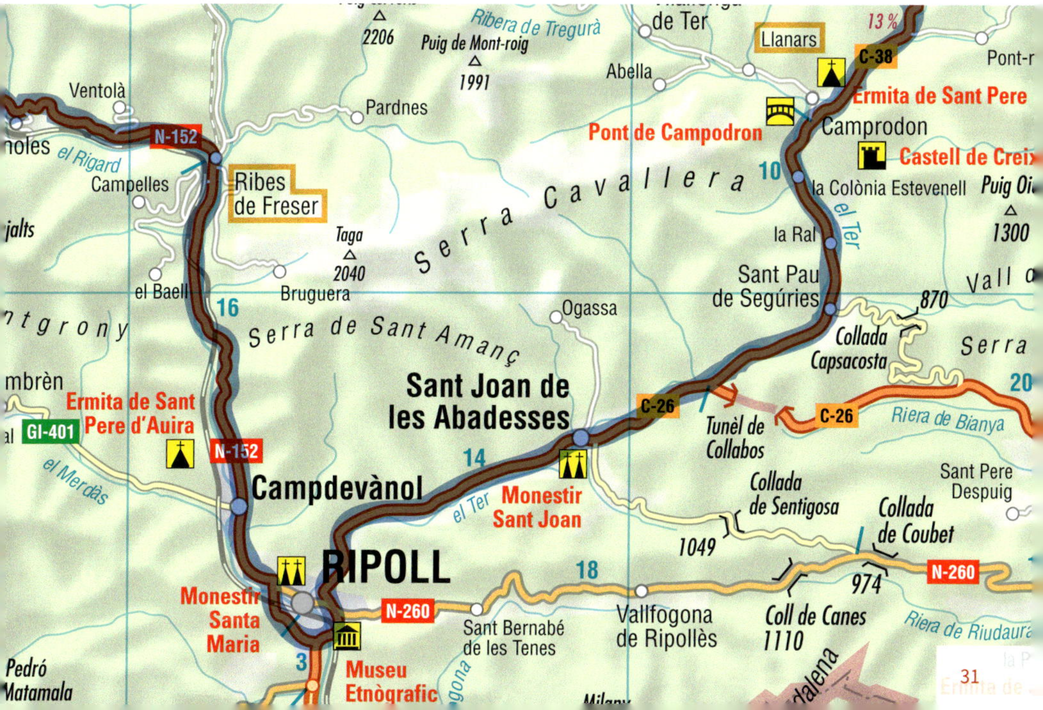

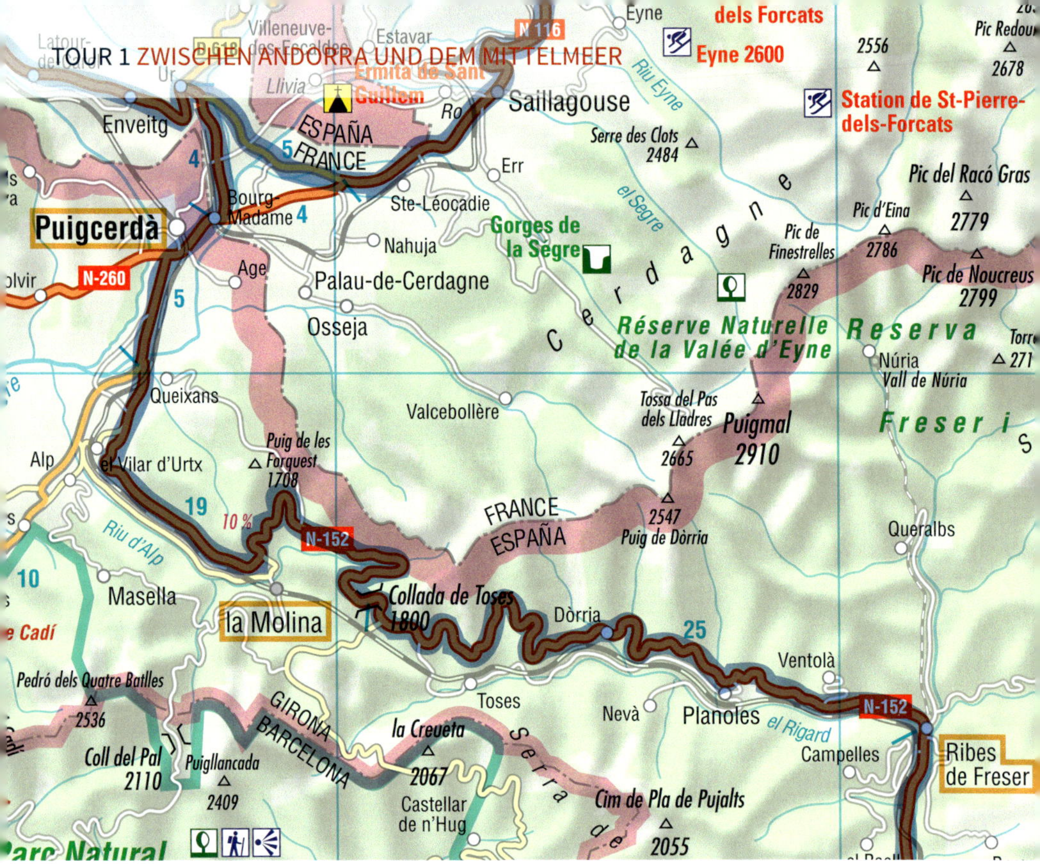

Zweisprachige Warnung vor den knackigen Kurven.

sich die naturbelassene Passstraße in Richtung Himmel, vorbei an einem alten, ruinösen Wachturm.

Jenseits des *Col de la Descargue* ist die Straße wieder asphaltiert, führt als *D43* weiter in unzähligen Kurven und Kehren immer weiter durch die Berglandschaft und schließlich auf die D115, wo auch die komplett geteerte, alternative Strecke endete. Durch das spektakuläre ***Défilé de la Baillanouse*** erreichen wir dann bald *Prats-de-Mollo-la-Preste*. Zwischen den mittelalterlichen Stadtmauern lassen wir uns unter schattenspendenden Laubbäumen in die bequemen Stühle des Cafés fallen. Ein starker, schwarzer Café noir belebt die Sinne und macht nach den vielen, anstrengenden Kurven-Kilometern wieder munter.

Aber kaum lassen wir den kleinen, einladenden Bergort wieder hinter uns, geht es weiter mit den Schräglagen. Über den *Col de la Seille* geht es zum 1610 Meter hohen *Col d'Ares*, der gleichzeitig die Grenze nach Spanien bildet. Nur sporadisch taucht hier mal die Grenzpolizei auf, macht ein paar Kontrollen, aber meist bemerkt man den Grenzübertritt kaum.

Abgründe tun sich auf

Wenige hundert Meter weiter weisen riesige Warntafeln in spanischer und katalanischer Sprache auf den kurvenreichen Verlauf der weiteren Straße hin. Wohl nicht ganz zu Unrecht, führen doch auf den folgenden Kilometern so manche schwarze Bremsspuren in die Felsen und - was nicht unbedingt besser ist - in die ungesicherten Abgründe gleich neben dem Asphalt. Das da auch einspurige, schwarze Striche dabei sind, sollte nicht unerwähnt bleiben.

AUTOREN-TIPP

UNSER TIPP für unvergessliche Sommertage: Unbedingt ein leckeres Picknick mitnehmen, einen schönen Aussichtspunkt suchen und auf der Picknickdecke vor der grandiose Kulisse der Pyrenäen-Bergwelt Aussicht und frisches Baguette, Käse und Obst genießen. Wir nehmen bisweilen sogar einen kleinen Kaffeekocher mit.

Durch das schöne Tal *Vall Alto del Ter* düsen wir weiter nach Spanien hinein und erreichen bei *Ripoll* die *C-17*. Das in 700 Metern Höhe liegende bildschöne Bergdorf ist vor allem durch das beeindruckende Kloster Santa Maria de Ripoll bekannt, einer ehemalige Benediktiner-Abtei, die besichtigt werden kann. Die *N-152* führt uns wieder nach Norden, neigt sich kurz darauf gen Westen und führt

Eines der schönsten französischen Départements.

Früh aufstehen lohnt sich für solche Ausblicke

in einem wild gezackten Verlauf parallel der spanisch-französischen Grenze durch die beeindruckende Bergwelt. Auch hier folgt eine Kurve der anderen. Es gibt kaum mal ein gerades Stück Straße und es macht unheimlich Spaß, die BMW von einer Seite auf die andere zu werfen. Nicht umsonst ist diese Strecke bei den Motorradfahrern aus der Region rund um ***Perpignan*** so beliebt und zählt zu deren Hausstrecken.

In ***Bourg-Madame*** überqueren wir schließlich wieder die Grenze nach Frankreich und finden uns kurz darauf auf der N20 wieder, die uns schnurstracks zurück zum Col de Puymorens führt. Den hatten wir ja heute morgen fast für uns alleine. Auch jetzt ist es hier ziemlich einsam. Die meisten Autofahrer nehmen statt des Cols wohl lieber den Tunnel unter die Reifen – wir nicht!

Noch ein paar Schwünge und schon sind wir zurück in Andorra, über den Port d'Envalira und zurück in Canillo, wo wir heute in aller Frühe zu dieser fantastischen Runde aufbrachen. ◀

AUTOREN-TIPP

DIE PYRENÄEN-METRO 1910 fiel der Startschuss und nicht weniger als 17 Jahre wurde an dieser spannenden Bahnstrecke gebaut. 62 Kilometer führt die Schmalspurbahn von Villefranche-de-Conflent in 427 Metern Höhe über den knapp 1600 Meter hohen Scheitelpunkt Bolquère bis nach Enveitg in 1231 Metern Höhe.

Der „petit train jaune", der „kleine gelbe Zug", hält zahlreiche Rekorde. Er ist nicht nur die höchst gelegen Bahnstrecke Frankreichs, er gilt auch als eine der faszinierendsten. Gut 650 Bauwerke ermöglichen seine Streckenführung - unter anderem 19 Tunnel, 15 Brücken und 14 Viadukte. Die Séjourné-Brücke mit 65 Metern Höhe und die Gisclard-Brücke mit 80 Metern gelten als wahre Kunstwerke.

Die dreistündige Fahrt in den zum Teil offenen Wagen sollte man sich keinesfalls entgehen lassen.

INFOS ZUR TOUR

CHARAKTERISTIK

Diese Tour ist anspruchsvoll und zeichnet sich durch einen bunten Mix aller Fahrbahn-Zustände und -Beschaffenheiten aus. Gewisse Herausforderungen bietet die Offroad-Etappe von Bouleternère nach Prats-de-Mollo-la-Preste. Sie ist aber mit ein wenig Erfahrung mit jedem Motorrad zu schaffen. Eine Alternative ist im Text beschrieben. Kehren und Kurven sind teilweise eng, in den Wäldern muss insbesondere nach Unwettern schon mal mit Laub, Ästen oder Steinen auf der Fahrbahn gerechnet werden – wie eben immer in den Bergen. Fast alle Strecken sind das ganze Jahr über befahrbar, eventuell sind die beiden Pässe an der Grenze zu Andorra jedoch im Winter gesperrt, dann geht es ersatzweise durch den Tunnel.

PÄSSE

Port d'Envalira (2 407 m), Col de Puymorens (1920 m), Col de Millères (842 m), Col Xatard (752 m), Col de la Descargue (1485 m), Col de la Seille (1185 m), Col d'Ares (1610 m).

ÜBERNACHTUNG

Camping Casal
Av. Sant Joan de Caselles, AND-100 Canillo
Freundlich, klein, sehr zentral mitten im Ort, unser Lieblingscamping in Andorra.
www.campingcasal.com
GPS 42.568480, 1.603688

Casa Holly
Carettera de figueres a macanet 19,
E-17722 Darnius
Nicht direkt auf der Tour, aber unbedingt empfehlenswert und auf Motorradfahrer spezialisiert.
www.casa-holly.de
GPS 42.376908, 2.868216

KOMBINATIONSMÖGLICHKEITEN

Für Vielfahrer und als Ergänzung zu dieser Tour bietet sich ein Abstecher an die Côte Vermeille und die spanische Costa Brava mit der Halbinsel Cap de Creus an. Damit lässt sich aus dieser Tagestour auch durchaus eine Zwei-Tagestour bauen.

Einsames **Spanien**

Durch die pure Einsamkeit rund um die spanische Serra del Cadí führt diese Route. Die großartige Landschaft mit ihren tiefen Flusstälern und steil aufragenden Gipfeln ist die beste Voraussetzung für einen nicht enden wollenden Kurvenspaß. Schräglagensüchtige sind hier gut aufgehoben. Und als Kontrastprogramm bietet sich zum Abschluss ein Trip in die quirlige Hauptstadt Andorras, Andorra la Vella, an.

Beeindruckende Farben in der Serra del Cadi.

TOUREN-STECKBRIEF

BASISORT
Canillo (42.568217, 1.602939)

STRECKENLÄNGE
ca. 210 km

DAUER DER TOUR
6-7 Stunden

ROADBOOK
Canillo, Andorra la Vella, La Seu d'Urgell, L-401, Odèn, Coll de Jou, Port del Comte, Coll de Port, Tuixén, Serra del Cadi, Coll de la Trava, La Seu d'Urgell, CS-130, Andorra la Vella, Canillo

HIGHLIGHTS
Die Tour rund um die spanische Serra del Cadi ist ein Traum. Die einsame und ungeheuer kurvenreiche Streckenführung fasziniert jeden Motorradfahrer und die fantastische Landschaft bleibt garantiert lange im Gedächtnis.

Mittendrin in diesem Kurven-Eldorado liegt das sehr empfehlenswerte Restaurant Refugi Coll de Port am gleichnamigen Pass. Perfekt für die Pause und einen grandiosen Ausblick (42.209926, 1.552105).

In den faszinierenden Bergen der Serra del Cadi.

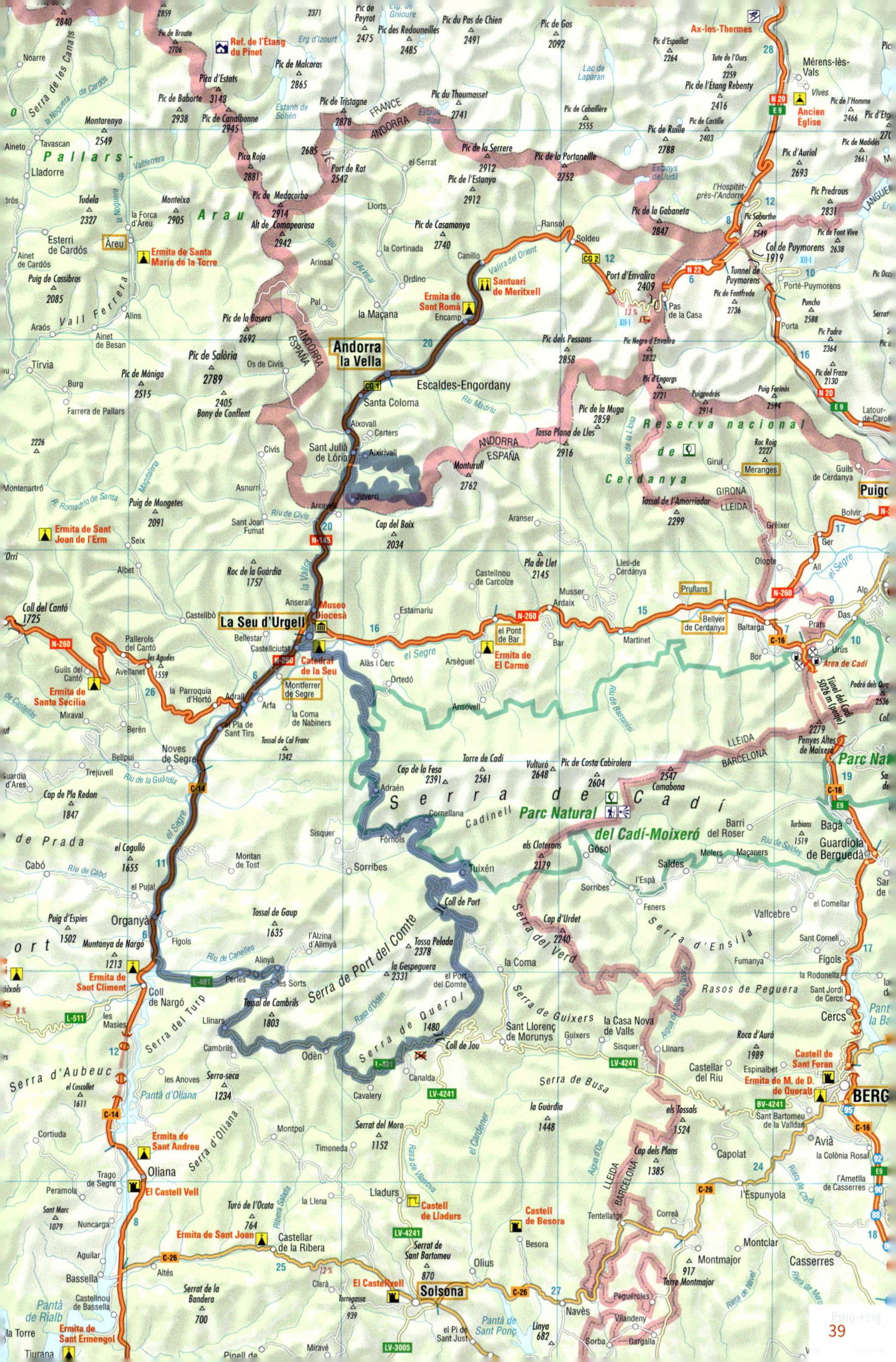
Andorra la Vella
Escaldes-Engordany
Santa Coloma
Sant Julià de Lòria
La Seu d'Urgell
Museo Diocesà
Catedral de la Seu
Organyà
Oliana
Solsona
Ax-les-Thermes
Mérens-lès-Vals
Ancien Église
L'Hospitalet-près-l'Andorre
Col de Puymorens 1919
Tunnel de Puymorens
Porté-Puymorens
Porta
Latour-de-Carol
Puigcerdà
Bellver de Cerdanya
Prullans
Martinet
Baltarga
Bor
Urús
Das
Alp
Prats
Bolvir
Ger
Guils de Cerdanya
Meranges
Girul
Gréixer
Olopte
Ail
Àrea de Cadí
Túnel del Cadí 5026 m (peatge)
Penyes Altes de Moixeró 2279
Parc Natural del Cadí-Moixeró
Serra del Cadí
Cadinell
Baga
Guardiola de Berguedà
Saldes
Gósol
Berga
Cercs
Fígols
Castell de Sant Ferran
Ermita de M. de D. de Queralt
Pallars - Arau
Àreu
Ermita de Santa Maria de la Torre
Esterri de Cardós
Vall Ferrera
Tírvia
Ermita de Sant Joan de l'Erm
Coll del Cantó 1725
Ermita de Santa Secília
Noves de Segre
Ermita de Sant Climent
Coll de Nargó
Ermita de Sant Andreu
El Castell Vell
Ermita de Sant Joan
Castellar de la Ribera
El Castellvell
Castell de Lladurs
Castell de Besora
Ermita de Sant Ermengol
Santuari de Meritxell
Ermita de Sant Romà
Encamp
Canillo
Soldeu
Port d'Envalira 2409
Pas de la Casa
Ref. de l'Étang du Pinet
Pica d'Estats 3143
Reserva nacional de Cerdanya
Ermita de El Carme
el Pont de Bar
Montferrer de Segre
Serra de Port del Comte
Serra de Querol
Tuixén
Coll de Port
la Coma
Sant Llorenç de Morunys
Serra de Busa
Serra d'Ensija
Serra del Verd
Rasos de Peguera
Serra d'Aubeuc
Serra del Turp
Serra d'Oliana
Pantà d'Oliana
Pantà de Rialb
Pantà de Sant Ponç
Navès
Montmajor
Casserres
l'Espunyola
Avià
FRANCE
ANDORRA
ESPAÑA
LLEIDA
GIRONA
BARCELONA

Canillo, das sympathische Städtchen in Andorra ist, wie schon bei Tour 1, der Ausgangspunkt für diese kurzweilige Tour. Nur starten die beste Sozia der Welt und ich heute morgen nicht in Richtung Osten, nach Frankreich; heute geht es gen Süden.

Mit der BMW verlassen wir Canillo, folgen den Schildern nach ***Andorra la Vell*a**, Hauptstadt und größte Stadt Andorras. Nur ein paar Kilometer, dann tauchen wir schon ein in den morgendlichen Trubel der höchstgelegenen Hauptstadt Europas. Rollen zwischen wahren Häuserschluchten hindurch, staunen über diverse, große und begrünte Plätze, über die vielen Geschäfte und Schaufenster. Viele Berufstätige sind schon auf den Beinen, Lieferwagen und Busse pendeln durch die Innenstadt. Wir nehmen uns vor, dem interessanten und quirligen Zentrum noch mal einen abendlichen Besuch abzustatten.

Freie Fahrt

Trotz des munteren Treibens in der Innenstadt kommen wir zügig durch Andorra la Vella hindurch und finden uns ein paar Minuten später schon an der südlichen Stadtgrenze. Von hier sind es nur noch fünf, sechs Kilometer, dann erreichen wir schon die Grenze hinüber nach Spanien. Zwar gibt es hier eine Kontrollstelle, aber die ist heute morgen nicht besetzt. Unbehelligt passieren wir die Landesgrenze und folgen der spanischen ***N-145*** in langgestreckten Kurven in Richtung Süden.

Andorra la Vella, die quirlige Hauptstadt Andorras.

Pic de Canalbonne
2945
2938
2878
ANDORRA
Blau
2685
Port de Rat
2542
el Serrat
Pic de la Serrere
2912
Pic de la Porta
2752
Vallferrera
Pica Roja
2881
Pic de l'Estanyo
2912
Pic de Medacorba
2914
Monteixo
2905
Llorts
a Forca
d'Àreu
A r a u
Alt de Comapearosa
2942
Pic de Casamanya
2740
Ransol
Ermita de Santa
Maria de la Torre
Riu
la Cortinada
Canillo
Valira del Orient
Arinsal
d'Arinsal
Ordino
Santuari
de Meritxell
Ermita de
Sant Romà
Pal
la Maçana
Encamp
Pic de la Basera
2692
ANDORRA
ESPAÑA
Andorra
la Vella
20
Pic dels Pes
2858
Pic de Salòria
2789
Os de Civís
Màniga
2515
CG 1
Escaldes-Engordany
2405
Bony de Conflent
Santa Coloma
Riu Madriu
Aixovall
Certers
Tossa Plana
2916
Sant Julià
de Lória
Aixirivall
ANDORRA
ESPAÑA
Civís
Magdalena
Monturull
2762
Asnurri
Juverri
Puig de Mongetes
2091
Arcavell
Riu de Civís
Sant Joan
Fumat
20
Cap del Boix
2034
Aranser
N-145
Roc de la Guàrdia
1757
la Vallra
Pla de Llet
2145
Castellnou
de Carcolze
Anserall
Museo
Diocesà
Estamariu
Ardaix
Castellbò
La Seu d'Urgell
16
N-260
el Pont
de Bar
Bar
Bellestar
Castellciutat
Catedral
de la Seu
Alàs i Cerc
el Segre
Arsèguel
Ermita de
El Carme
Cantó
les Agudes
1559
N-260
6
Ortedó
Montferrer
de Segre
26
la Parroquia
d'Hortó
Adrall
Arfa
la Coma
de Nabiners
Ansovell
el Pla de
Sant Tirs
Tossal de Cal Franc
1342
Noves
de Segre
Torre de Cadí
2561
Cap de la Fesa
2391
Vulturó
Pic de
de la Guàrdia
C-14
Adraén

AUTOREN-TIPP

LA SEU D'URGELL Nur knapp 20 Kilometer südlich von Andorra la Vella liegt in etwas 700 Metern Höhe La Seu d'Urgell. Ein Abstecher dorthin lohnt sich immer. Auf der platanenbewachsene Flaniermeile Passeig de Joan Brudieu locken einladende Cafés und Läden, dienstags und samstags ist Markt. Rund um das Carrer Major reihen sich die Marktstände mit traditionellen Landwirtschaftsprodukten, mit Kleidung, Krimskrams und leckeren und Weinen der Region.

Spannend ist auch ein Besuch des Parc del Segre. Auf dem hochmodernen Gelände für Kanuwettbewerbe kann man auch selber Paddelschläge üben, Kurse besuchen oder mal ein Rafting-Abenteuer erleben.

Die führt malerisch entlang des Flüsschens *La Valira* bis nach *La Seu d'Urgell*. Die spanische Gemeinde trumpft mit viel alter Bausubstanz,

Bergbäche rauschen gleich neben der Straße.

einer mächtigen Kathedrale und dem sprudelnden Bergfluss *El Segre*. Hier wurden einst bei der Olympiade von Barcelona die Kanuwettkämpfe ausgetragen und auch heute noch sind viele Kanuten und Raftingboote auf dem Fluss unterwegs. Weiter nach Spanien hinein hat der El Segre im Lauf der Jahrtausende eine tiefe Schlucht in die Pyrenäenhänge geschmirgelt und damit auch gleich den Verlauf der *C-14* festlegt. Die herrlich gelegene, gut ausgebaute Landstraße folgt dem Verlauf des Bergbachs, der bei *Oliana* zum Stausee *Pantà d'Oliana* aufgestaut wird.

Auf der Achterbahn

Gleich zu Beginn des Sees heißt es für uns abbiegen. Ich setze den Blinker und biege links auf die *L-401* ab.

Welch ein Kontrast – sind wir eben noch zügig in den oberen Gängen durch langgestreckte Kurven gedüst, zirkeln wir jetzt auf einer schmalen, gewundenen Nebenstrecken um einzelne Felsen herum, vorbei an kleinen, urigen Höfen, durch kurze, dunkle Tunnel und durch die Schatten breit ausladender Laubbäume. Über viele Kilometer sehen wir keinen Menschen, auf der Straße sind wir ganz alleine. Wie eine Achterbahn führt uns der Asphalt mal hoch hinauf, mal wieder in ein kleines Tal. Weite karge Felslandschaft wechselt sich mit

kleinen Wäldern und Buschwerk ab. An einem kleinen, namenlosen Bergbach machen wir eine Pause, lassen die Füße ins eiskalte Wasser hängen und

Bergdorf (oben) und Schräglage am Fluss El Segre (unten).

Perles besteht aus einer Handvoll Häusern …

lauschen dem gleichmäßigen Rauschen der Wellen.

Gerade mal eine Hand voll kleiner Dörfchen sehen wir auf den kommenden 50 Kilometern. Kaum haben wir die Abfahrt in den kleinen Ort *Odèn* passiert, kreuzt wenige Meter vor unserem Vorderrad ein ausgewachsener Fuchs die Straße, bleibt am Straßenrand auf der Böschung stehen und schaut uns in aller Ruhe hinterher. Im Rückspiegel sehe ich, wie er langsam kleiner wird. „Hier ist das also, wo sich Fuchs und Hase Gute Nacht sagen", ruft Kiki von hinten. Wie Recht sie hat.

… und einer schöne Kirche.

Glitzernder Stausee

Bis auf 1480 Meter Höhe zirkelt sich die Straße hinauf auf den *Coll de Jou*. Weit fällt der Blick von hier ins Tal und auf den mächtigen, in der Sonne türkis glitzernden Stausee *Parc National des Pyrénées Parc Natural de la Zona Volcanicà Garrotxa*. Gleich neben der Straße weißt eine riesige Tafel auf das nur sechs Kilometer entfernt liegende *Port del Comte* hin. In dem Skiort warten nicht weniger als 37 Abfahrten und 16 Lifte auf erlebnishung-

Kurvenreiche Schlucht ganz im Süden der Tour.

Grandioses Panorama am Coll de Jou.

rige Skifahrer. Da es von hier gerade mal 90 Autominuten bis Barcelona zählt, ist im Winter auch entsprechend viel los. Hierher locken über 50 Pistenkilometer, der besondere Clou ist aber die speziell gekennzeichnete Freeridezone. Auf 27 Hektar geht es zwischen Bäumen durch den Tiefschnee; Tree-Skiing nennt sich der Spaß.

Der Gedanke an Schnee kommt bei Kiki und mir nicht wirklich auf. Bei angenehmen 24 Grad kurven wir weiter bergan und erreichen schließlich in 1658 Metern Höhe den *Coll de Port*. Eigentlich war unser Ziel das gemütliche und durchweg gut bewertete Restaurant Refugi Coll de Port hier oben auf dem Pass. Aus Gründen, die sich uns nicht erschließen, ist es jedoch ausgerechnet heute geschlossen. Schade, das Essen soll hier wirklich gut sein. Wir genießen statt dessen den fantastischen Blick von der Aussichtsterrasse und schwingen uns bald wieder aufs Motorrad.

AUTOREN-TIPP

FÜR UNVERGESSLICHE SOMMERTAGE Nicht nur das obligatorische und von uns heiß geliebte Picknick einpacken, sondern auch Badesachen und ein Handtuch. Wenn die Sonne brezelt, locken die sprudelnden Bergbäche rechts und links der Straße zu herrlich erfrischenden Badepausen.

Die Serra del Cadi

Kam bei uns bisher schon ein gewisses Gefühl der Einsamkeit auf, so wird das ab dem Bergdorf *Tuixén* noch getoppt. Noch ein wenig enger, noch ein we-

La Seu d'Urgell
Museo Diocesà
Catedral de la Seu
Montferrer de Segre
Ermita de Sant Climent
Ermita de Sant Andreu
El Castell Vell
Oliana
Organyà
Coll de Nargó
Serra de Port del Comte
Serra de Querol
Serra del Turp
Serra d'Oliana
Pantà d'Oliana
Tuixén
Coll de Port
Coll de Jou
Sorribes
Odèn
Cambrils
Llinars
Perles
Alinyà
les Sorts
Adraén
Fórnols
Cornellana
Sisquer
Canalda
Cavalery
Lladurs
Timoneda
Montpol
les Anoves
Figols
el Pujal
Noves de Segre
Bellpui
Trejuvell
Berén
Avellanet
Pallerols del Cantó
Castellbò
Albet
Seix
Fumat
Anserall
Bellestar
Castellciutat
Adrall
Arfa
el Pla de Sant Tirs
la Coma de Nabiners
la Parroquia d'Hortó
Estamariu
Alàs i Cerc
Ortedó
Arsèguel
Ansovell
Castellnou de Carcolze
el Pont de Bar
el Port del Comte
l'Alzina d'Alimyà
Montan de Tost
les Masies
Trago de Segre
Roc de la Guàrdia 1757
Tossal de Cal Franc 1342
les Agudes 1559
el Cogulló 1655
Tossal de Gaup 1635
Muntanya de Nargó 1213
Tossal de Cambrils 1803
Serra-seca 1234
Serrat del Moro 1152
Tossa Pelada 2378
la Gespeguera 2331
Cap de la Fesa 2391
Torre de Cadí 2561
2034
1480
Serra Cadinell
el Segre
la Vallra
Riu de la Guàrdia
Riu de Canelles
Rasa d'Odèn
Rasa de Vilanova
el Cardener
N-145
N-260
C-14
L-401
LV-4241

Eiserne Gemse am Coll de Port.

Traumstrecke zwischen dem Coll de Port und La Seu d'Urgell.

nig kurvenreicher und noch ein wenig bergiger wird die Strecke hinauf in die *Serra del Cadi* – eine echte Traumstraße. Weit über 2600 Meter strecken sich deren kahle und graue Felsgipfel in den dunkelblauen Himmel. Etwas darunter sind die Berghänge mit kleinen Wäldchen und einzelnen Bäumen gespickt. Kurz vor dem *Coll de la Trava* schwenke ich mit dem Motorrad um eine Kehre herum und trete gleich heftig auf die Bremse. Von einem Meter auf den anderen hat sich die Farbe der Böschung von grauem Fels auf tief dunkelrote Erde geändert. Fast unnatürlich wirken die unglaublichen Rot- und Ockertöne, wie wir sie sonst nur aus der französischen Provence kennen. Im Kontrast zum strahlend blauen Himmel und den in der Sonne grellgrün leuchtenden Bäumen und Gräsern ein faszinierendes Farbenspiel.

Irgendwann geht es von den Höhenzügen der *Serra del Cadi* wieder hinab ins Tal des El Segre und damit nähern wir uns wieder La Seu d'Urgell. Da uns ja auf dem Coll de Port im Restaurant kein Imbiss vergönnt war, steuern wir das Zentrum des Ortes an und lassen es uns auf der Außenterrasse eines der einladenden Restaurants gut gehen. Ein knackig frischer Tomatensalat mit leckerem Olivenöl, dazu knuspriges Brot und ein eiskaltes, alkoholfreies Bier. Was will man mehr?

Immer einen kühlen Kopf bewahren.

Café del tiempo

Obwohl, da fällt mir schon noch etwas ein. Auf der Karte hatte ich „Carajillo“ gelesen. Also ordere ich gleich mal zwei dieser Kaffee-Spezialitäten, neugierig, wie sie hier zubereitet werden. Üblicherweise ist der Carajillo ein mit einem spanischen Brandy, also Weinbrand, zubereiteter Espresso, er kann aber auch mit einem Anis-Likör zubereitet werden. Unser Wirt kredenzt uns die „Café del tiempo“-Variante. Die mit einem Anis-Schnaps zubereiteten Carajillo kommen gemeinsam mit einem Glas Eiswürfel.

Mit Händen und Füßen erklärt der Chef, dass wir erst Zucker in den Ca-

Haus am Hang unweit des Coll de Port.

Großes Kino in der Serra del Cadi.

rajillo streuen und den dann über die Eiswürfel gießen sollen. Wir sind erst skeptisch, aber es schmeckt perfekt, erfrischt und der Alkohol wird gleichzeitig gut verdünnt. Also können wir auch ohne schlechtes Gewissen gleich wieder aufs Motorrad klettern. Solchermaßen gestärkt verlassen wir La Seu d'Urgell gen Norden und steuern wieder Andorra an. Auch diesmal gibt es keine Kontrolle an der spanisch-andorranischen Grenze und ruckzuck haben wir St. Julià de Lòria kurz vor der Landeshauptstadt erreicht. Hier gönnen wir uns noch eine kurvenreiche Runde über die CS-130, die in wilden, nicht enden wollenden Serpentinen hinauf auf die Sierra de Arcavell und in großem Bogen wieder hinunter ins Tal führt: ein grandioser Abstecher.

Nur wenig später haben wir dann auch schon die 23000 Einwohner-Stadt Andorra la Vella auf der nördlichen Seite hinter uns gelassen und steuern unser Basislager auf dem Campingplatz in Canillo an.

Der Edding verleiht Flügel.

INFOS ZUR TOUR

CHARAKTERISTIK

Auch die Tour 2 ist relativ anspruchsvoll. Nicht zuletzt ist sie trotz der eher kurzen Streckenlänge von 210 Kilometern durchaus anstrengend – den tausenden Kurven sei Dank. Dennoch sollte diese Tour mit Muße von jedem Motorradfahrer zu schaffen sein. In den Bergen kann es – wie immer – frisch werden. Auch hier gilt: Bitte die Beschaffenheit der Fahrbahn beachten. Der Belag wechselt oft und schnell und vor allem im Frühjahr kann noch Streumaterial oder Steine und Sand auf der Fahrbahn liegen. Eine Wintersperre ist nicht bekannt, auf den drei Pässen kann es jedoch natürlich in der kälteren Jahreszeit zu Schneefall kommen. Dies kann zu temporären Strecken-Sperrungen führen.

PÄSSE

Auf dieser Tour trifft man auf den Coll de Jou (1480 m) und den Coll de Port (1658 m).

ÜBERNACHTUNG

Hotel Aldosa
Plaça del Poble 6, AD-400 L'Aldosa, Andorra
Sympathisches Hotel mit Garage, Trockenraum, Werkstatt, geführten Touren und mehr.
www.hotel-aldosa-andorra.com
GPS 42.543722, 1.522974

Hotel Coma-Bella
Ctra de La Rabassa, km 6
AND-600 Sant Julià de Lòria
Liegt etwas abseits der Tour, aber nettes Hotel mit überdachten Plätzen und Trockenraum.
www.hotelcomabella.com
GPS 42.446430, 1.494470

KOMBINATIONSMÖGLICHKEITEN

Wer nicht genug bekommen kann, wählt die große Runde über Berga, den Cadi-Tunnel oder die B-400 gleich am Südhang der Serra del Cadi.

Das unbekannte **Land**

Die historische und eher unbekannte Landschaft des ehemaligen Königreichs Aragón ist immer wieder für Überraschungen gut. Urige Dörfer wechseln sich mit einer unbesiedelten, einsamen Weite ab, in der es sich vortrefflich mit dem Motorrad reisen lässt. Hier geht man zwischen Burgruinen und verlassenen Weilern auf Entdeckungsreise. Und im geschichtsträchtigen Huesca geht es zu Fuß durch malerische Gassen.

Senkrechter Acker: die Felsen Los Mallos de Riglos.

Navascués
Burgui
Iglesia de la Virgen de la Peña
Salvatierra de Escá
Lorbés
Romanzado
Usún
Sierra de Leyre
Paso del Escalar
Sierra de Orba
Majones
NAVARRA
ZARAGOZA
San Justo y Pastor
Monasterio de Leyre
Yesa
Tiermas
Esco
Virgen de las Viñas
Sigüés
Miramont
Asso-Veral
Villarreal de la Canal
Iglesia de Santa Lucía
Berdún
Foz de Biniés
Biniés
Sta. Engracia de Jaca
Castillo de Javier
Embalse de Yesa
Iglesia de San Juan Bautista
Ruesta
Aragón
Javier
Iglesia de Santiago Apóstol
Iglesia de San Sebastián
Artieda
Mianos
Castelillo
Martes
N. S. del Socorro
Undués de Lerda
Iglesia de Santa Quiteria
los Pintanos
N. S. de la Parueta
Iglesia de San Javier
Puente la Reina de Jaca
San Babi
Jaca
San Salvador
Undués-Pintano
Bagüés
Iglesia de San Miguel
Urriés
Santa María Magdalena
Pintano
Puig Daras
Larués
Bailo
Arbués
Alastúey
Virgen de la Peña
Monasterio de San Juan de la Peña
Sierra de San Juan de la Peña
Santa Cruz de la Serós
Puerto de Oroel
Gordués
Navardún
Iglesia de Sos del Rey
Gordún
Isuerre
San Juan
Lobera de Onsella
Sierra Lurientes
Logás
Iglesia de Santa Bárbara
San Adrián
Castillo de Rota
Iglesia de N. S. de la Cerrada
Petilla de Aragón
Peñas de Santo Domingo
Iglesia de Santo Domingo
Paternoy
Barués
Santa Quiteria
Virgen del Camino
Iglesia de San Antonio
Virgen de la Gabardilla
Puy Moné
Salinas de Jaca
Embalse de la Peña
Sierra de Santa Isabel
Sierra de Luesia
Biel
Santa María
Triste
Yeste
San Esteban
Uncastillo
Luesia
Fuencalderas
Sanfelices
Agüero
Nuestra Señora de Loreto
Iglesia de Santa Engracia
Santa Quiteria
Murillo de Gállego
Sierra de Loarre
Santa Marina
Castillo de Loarre
San Julián de la Caridad
Riglos
Loarre
Concilio
Virgen da la Leche
Malpica de Arba
Bañales
San Román
Santa Ana
Virgen del Campo
Asín
Santa Eulalia de Gállego
Ayerbe
Castillo de Ayerbe
Orés
el Frago
Lacasta
Sierra de Estronad
Biota
Acueducto
San Jorge
Farasdués
Yerzol
la Virgen
Finca Villaverde
Villaverde
Castillo de Villaverde
Júnez
Biscarrués
Loscorrales
Gaverdola
Castillo de Artasona
Santa Orosia
Sierra de Luna
Bardalasico
Ardisa
Embalse de Ardisa
San Jorge
Castillo de Obano
Lacorvilla
Virgen de Miramonte
San Gil
Misericordia
Luna
Valpalmas
Puendeluna
Lupiñén
Ejea de los Caballeros
Santuario de Nuestra Señora de Monlora
Corona
Embalse de Sotonera
Castillo de Santiá
Erla
Piedratajada
Virgen del Pilar
Planaza Sopeña
Marracos
Sierra de Luna
las Pedrosas
Almudévar
Llanos de la
Sierra de Erla
Sierra de las Pedrosas
Gurrea de Gállego
Castejón de Valdejasa

TOUREN-STECKBRIEF

BASISORT

Ayerbe (42.274143, -0.685274)

STRECKENLÄNGE

ca. 330 km

DAUER DER TOUR

7-8 Stunden

ROADBOOK

Ayerbe, Puerto Sierra Mayor, Sos del Rey Católico, Embalse der Yesa, Embalse de la Peña, Los Mallos, Puerto de Oroel, Jaca, Sabiñánigo, Puerto de Monrepós, Huesca, Esquedas, Embalse de la Sotonera, Ayerbe, Castillo de Loarre, Ayerbe

HIGHLIGHTS

Die touristischen Highlights dieser Route sind zweifelsohne das bildschöne Sos del Rey Católico (42.496409, -1.215348) und das Castillo de Loarre (42.325544, -0.612568).

Die einsame Bergstrecke zwischen Ayerbe und Sos del Rey Católico ist das fahrerische Highlight.

Bei Ayerbe zwischen Olivenbäumen.

Schon die Anreise ließ Gutes vermuten. Über den 1632 Meter hohen *Col du Somport*, einen der ältesten Pyrenäenübergänge zwischen Frankreich und Spanien, überquerten wir den Pyrenäenkamm, stürzten uns auf der Südseite wieder die Berge hinab, durchquerten die historische Stadt *Jaca* und landeten schließlich in dem Bergdorf *Ayerbe*. Eine fantastische Strecke, die uns schon richtig Appetit auf noch mehr Motorradkilometer in der faszinierenden Provinz *Aragón* machte.

Bei Ayerbe lockte ein Schild „abierta“ vor einem kleinen, urigen Campingplatz. Obwohl das Areal völlig leer war, klingelte ich am Haus und siehe

da: es wurde geöffnet. Ja klar, der Platz sei das ganze Jahr offen und wenn wir hier blieben, wären wir die einzigen Gäste derzeit. Und während wir uns noch einen schönen Platz aussuchen, macht uns die Senora noch schnell den Sanitärraum sauber und schmeißt den Boiler an.

Der Pass ruft

Hoch motiviert klettern wir am nächsten Morgen auf das Motorrad und verlassen Ayerbe in westlicher Richtung. Unser erstes Ziel ist der *Puerto Sierra Mayor*. Der Pass liegt in gut 900 Metern Höhe und wacht über die *A1202*. Gäbe es einen Preis für einsame Bergstrecken, dieses Kurven-Idyll wäre ein ganz heißer Aspirant. Nur vier oder fünf Autos begegnen uns auf der herrlichen Strecke, darunter natürlich das unvermeidliche Postauto, dessen gut gelaunter Fahrer uns fröhlich zuwinkt. Dichtes Grün und grauer Fels wechseln sich an den Berghängen ab, in der Luft hängt der intensive Geruch des Waldes und würziger Erde. Kleine, in der frühen Sonne glitzernde Bergbäche kreuzen unseren Weg, begleiten uns für ein paar hundert Meter und verschwinden wieder gurgelnd in irgendwelchen Felsspalten.

Ein paar letzte, sich gerade auflösende Nebelschwaden geben unvermittelt

Unweit des Pass Puerto Sierra Mayor.

Kletterpause im Outback.

Arangoiti
1355
la Cerrada
1280
NAVARRA
ZARAGOZA
Paso del Escalar
Sierra de Orba
A-137
Monasterio de Leyre
San Justo y Pastor
47
Yesa
A-21
56
Tiermas
Escó
Virgen de las Viñas
Sigüés
65
Miramont
Asso-Veral
71
N-240
23
Embalse de Yesa
17
Aragón
Castillo de Javier
la Granja
Alto de Sta. Cruz
858
Javier
Iglesia de San Juan Bautista
22
Iglesia de Santiago Apóstol
Ruesta
Artieda
Mianos
Casterillo
Peña Musera
985
Peña Nobla
1080
Martes
N. S. del Socorro
Undués de Lerda
Iglesia de San Sebastián
Iglesia de Santa Quiteria
los Pintanos
N. S. de la Parueta
35
Bagüés
A-1601
Regal
San Salvador
Undués-Pintano
989
Iglesia de San Miguel
Santa María Magdalena
Pintano
15
Urriés
Sarda
1010
Puig Daras
1241
Gordués
Navardún
1035
Iglesia de Sos del Rey
Gordún
Isuerre
San Juan
Logás
Onsella
Lobera de Onsella
Castillo de Roita
18
Sierra Lurientes
Sos
Mon San Juan
908
Iglesia de N. S. de la Cerrada
1163
Petilla de Aragón
Peñas de S.
Selva
1154
Cruz
1132
Fayanas
1128
Santa Quiteria
Barués
Novellacos
Iglesia de San Antonio
Alto de Bañón
1130
Puy Mone
1302
Castillo Barués
Virgen de la Gabardilla
Sierra de Luesia
1250
Cozopano
Biel
Emb. de las Anas
Barranco de la Petilla
Barranco de Baztanes
Luesia
Uncastillo
Iglesia de Santa Engracia
Fuencalderas
Nuestra Señora de Loreto
San Julián de la Caridad
Riguel
Arba de Luesia
Barranco de Orés
Arba de Biel
Virgen da la Leche
Malpica de Arba
Virgen del Campo
San Román
Santa Ana
Asín

Obstplantagen blühen nahe der Sierra de la Peña.

den Blick frei auf ***Sos del Rey Católico***. Wie eine mächtige Festung liegt der Ort zu Füßen der ***Sierra de la Peña*** auf einer riesigen Felskuppe. Und tatsächlich ist schon seit Jahrhunderten einer der wichtigsten strategischen befestigten Orte Aragóns. Natürlich lassen wir uns die komplett denkmalgeschützte Altstadt nicht entgehen, schließlich gilt Sos del Rey Católico als eines der schönsten Dörfer Spaniens. Wir drehen ein, zwei Runden durch die engen und steilen Gassen, parke unser Motorrad schließlich direkt an

Denkmal und Dächer in Sos del Rey Católico.

einem der urigen, von antikem Mauerwerk umgebenen Plätze und inmitten des mittelalterlichen Ensembles genießen wir im gemütlichen Dorfcafé zwei dampfende Café con leche, den leckeren spanischen Milchkaffee.

Im kleinen Lebensmittelladen versorgen wir uns anschließend noch mit frischem Brot und der einen oder

EXTRA-TIPP

SOS DEL REY CATÓLICO Zu Füßen der Sierra de la Peña, keine 50 Kilometer von Pamplona entfernt, liegt Sos del Rey Católico, dessen Altstadt komplett unter Denkmalschutz steht. Die strategisch günstige Lage auf einem mächtigen Felsen macht den Ort seit dem 10. Jahrhundert zu einer natürlichen und wichtigen Festung. Sos del Rey Católico gilt als einer der schönsten Orte der iberischen Halbinsel. An der mittelalterlichen Bausubstanz rund um den Plaza Mayor kann man sich einfach nicht satt sehen.

Das Renaissance-Rathaus aus dem 16. Jahrhundert, das barocke Kolleg Isidoro Gil de Jaz, die mittelalterlichen Handelsbörse, die romanische Kirche San Esteban, die Burg, der Sada-Palast, das frühere Judenviertel, die Liste der Sehenswürdigkeiten ist riesig. Hier lässt sich locker ein ganzer, kurzweiliger Tag verbringen

anderen Zutat für unser mittägliches Picknick, dann verlassen wir Sos del Rey Católico in Richtung Norden. Über das *Embalse* der *Yesa*, an dessen Ufern ein recht netter Campingplatz liegt, folgen wir dem *Rio Aragón*, überqueren die *Sierra de la Peña* und landen schließlich gleich hinter dem Stausee *Embalse de la Peña* an der weit über Spanien hinaus bekannten Felsformation *Los Mallos*. Die auch als Mallos de Riglos bekannten Felstürme sind ein echter Hotspot unter Kletterern. Für uns als Kletterlaien ist es kaum vorstellbar, mit welchem Tempo die Profis die bis zu 300 Meter hohen senkrechten und stark überhängende Konglomerattürme erklimmen. Senkrechte Kartoffelacker nennen die Kletterer diese Felsen aufgrund ihrer Struktur und einmal im Jahr findet hier die Kletterrally statt, bei der manche Überflieger bis zu sechs mal hintereinander die Wand hochflitzen.

Die Los Mallos de Riglos warten auf Kletterfreaks.

Platz fürs Picknick

Ehrfürchtig machen wir wieder kehrt und folgen den Schildern nach *Jaca*. Es geht erneut durch die Sierra de la Peña und ganz in der Nähe des höchsten Punkts der Strecke, dem 1080 Meter hohen Pass *Puerto de Oroel*, finden wir eine saftig grüne Wiese mit viel Aussicht in die umliegende Bergwelt: der perfekte Platz fürs Picknick und eine erholsame Pause. Außer dem Zwitschern der Vögel und dem leisen Knistern des abkühlenden Motors ist es hier absolut still. Eine Handvoll Geier kreisen an den Hängen des fast 1800 Meter hohen *Oroel* – Idylle pur.

Mit einem Bummel durch das mittelalterliche Zentrum von Jaca bringen wir uns wieder in Schwung. Kleine, geschäftige Gassen locken rund um die faszinierende Kathedrale mitten im Zentrum, das Eis aus der Heladería,

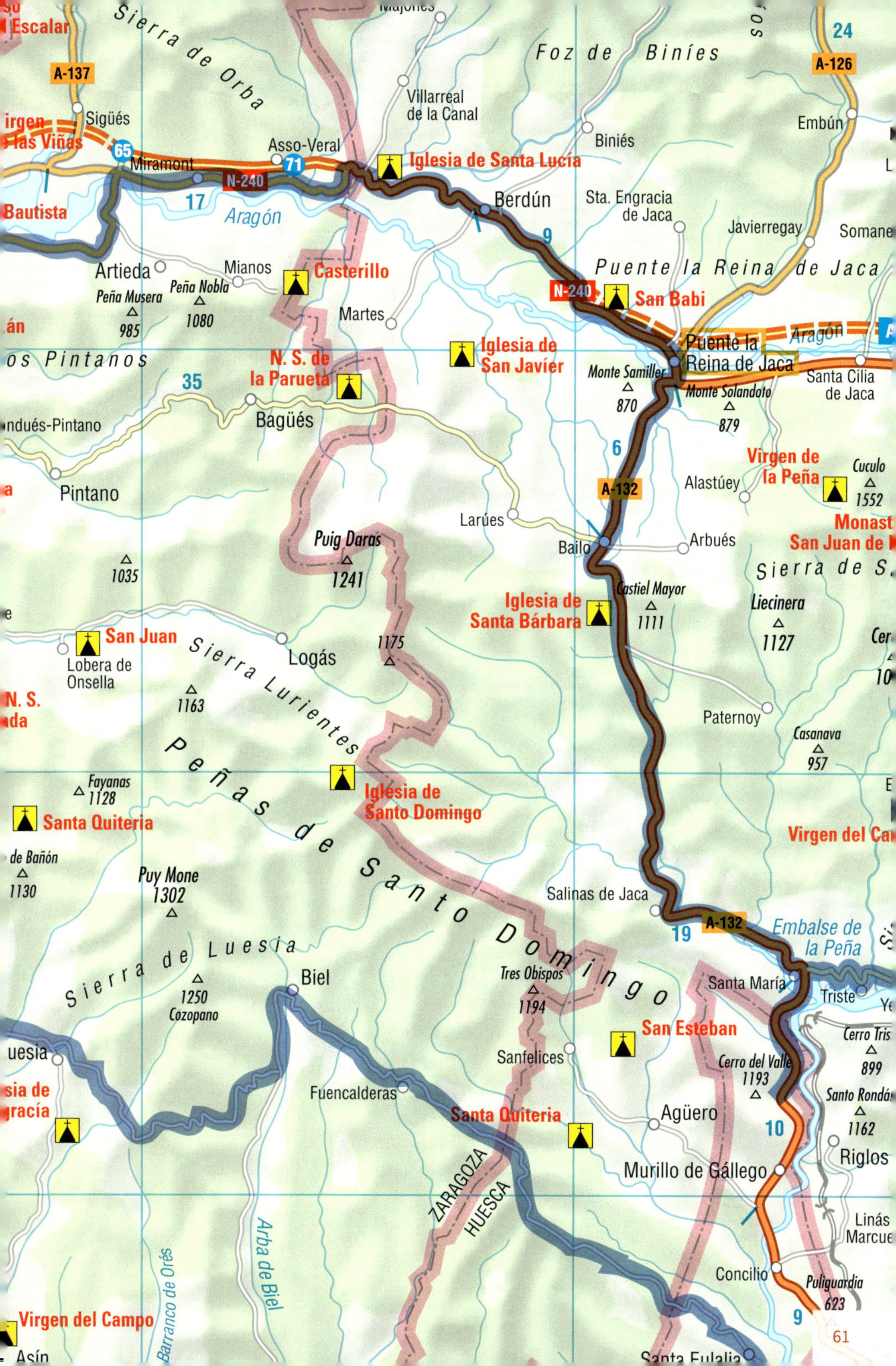
Escalar
Sierra de Orba
Foz de Biníes
24
A-126
A-137
Sigüés
Villarreal de la Canal
Embún
Biniés
Asso-Veral
Miramont
65
71
N-240
Iglesia de Santa Lucía
17
Aragón
Berdún
Bautista
Sta. Engracia de Jaca
Javierregay
Somane
9
Artieda
Mianos
Casterillo
Puente la Reina de Jaca
Peña Musera 985
Peña Nobla 1080
Martes
San Babi
Aragón
Puente la Reina de Jaca
Iglesia de San Javier
N. S. de la Parueta
Monte Samiller 870
Monte Solandoto 879
Santa Cilia de Jaca
Pintanos
35
Bagüés
6
Virgen de la Peña
Cuculo 1552
Alastúey
A-132
Pintano
Larúes
Monast San Juan de
Puig Daras 1241
Bailo
Arbués
Sierra de S
1035
Castiel Mayor 1111
Iglesia de Santa Bárbara
Liecinera 1127
San Juan
Lobera de Onsella
Logás
1175
Sierra Lurientes
1163
Paternoy
Casanava 957
Peñas de Santo Domingo
Fayanas 1128
Iglesia de Santo Domingo
Santa Quiteria
Virgen del Ca
de Bañón 1130
Puy Mone 1302
Salinas de Jaca
19
A-132
Embalse de la Peña
Sierra de Luesia
1250 Cozopano
Biel
Tres Obispos 1194
Santa María
Triste
Cerro Tris 899
San Esteban
Luesia
Sanfelices
Cerro del Valle 1193
Santo Rondá 1162
Fuencalderas
Santa Quiteria
Agüero
10
Riglos
Murillo de Gállego
Zaragoza
Huesca
Linás Marcue
Arba de Biel
Barranco de Orés
Concilio
Puliguardia 623
Virgen del Campo
9
Asín
Santa Eulalia

Rushhour in Aragon.

der spanischen Eisdiele, schmeckt fantastisch und gerne würden wir noch eine Runde durch die gewaltige Zitadelle von Jaca drehen, aber heute ruft das Mopped nach uns. Also starten wir bald wieder durch und über die gut ausgebaute *N330* fliegen wir auf *Sabiñánigo* zu. Die Stadt am *Rio Gállego* ist bei vielen Pyrenäen-Reisenden nicht unbekannt, Führt doch der *Col du Pourtalet* direkt hierhin. Der ist für seine extrem abwechslungsreiche Streckenführung bekannt und entsprechend beliebt.

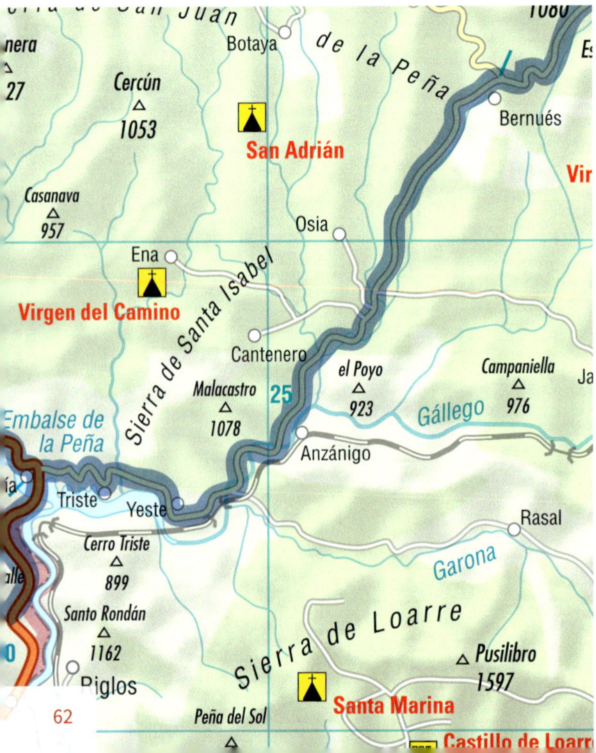

Am Pyrenäen-Hauptkamm

Ich lenke unsere BMW jedoch nach Süden, der *Col du Pourtalet* muss noch ein wenig warten. Statt dessen folge ich den Schildern zum *Puerto de Monrepós* und damit erst mal dem Verlauf des *Rio Gállego*. Der führt uns gen Süden und mit der grandiosen Kulisse des Pyrenäen-Hauptkamms im Rückspiegel genießen wir den Kurvenspaß auf der *N330*. Über den 1280 Meter hohen *Puerto de Monrepós* führt die Landstraße zügig nach *Huesca*, Hauptstadt der gleich-

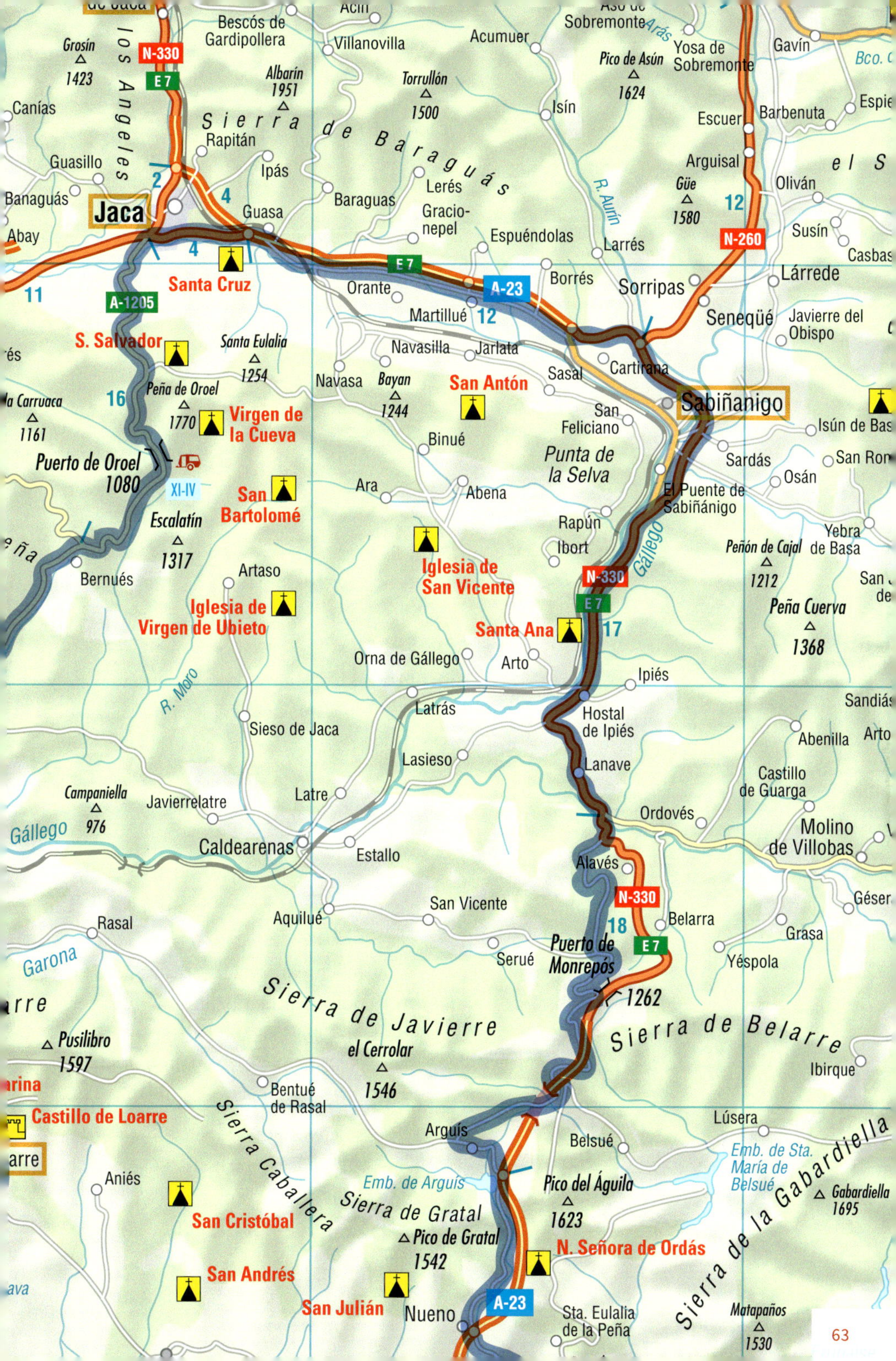

Bescós de Gardipollera
Villanovilla
Acumuer
Sobremonte
Arás
Yosa de Sobremonte
Gavín
Bco.
Grosín 1423
N-330
E 7
los Angeles
Albarín 1951
Torrullón 1500
Pico de Asún 1624
Isín
Escuer
Barbenuta
Espie
Canías
Sierra de Baraguás
Rapitán
Ipás
Guasillo
Arguisal
Güe 1580
el S
Oliván
Banaguás
Jaca
Guasa
Baraguas
Lerés
Gracionepel
R. Aurín
12
N-260
Susín
Casbas
Abay
Espuéndolas
Larrés
Santa Cruz
E 7
Borrés
Sorripas
Lárrede
11
A-1205
Orante
A-23
Martillué
12
Seneqüé
Javierre del Obispo
S. Salvador
Santa Eulalia 1254
Navasilla
Jarlata
Cartirana
Navasa
Bayan 1244
San Antón
Sasal
Sabiñánigo
16
Peña de Oroel 1770
Virgen de la Cueva
San Feliciano
Isún de Bas
la Carruaca 1161
Binué
Punta de la Selva
Sardás
San Rom
Osán
Puerto de Oroel 1080
XI-IV
San Bartolomé
Ara
Abena
El Puente de Sabiñánigo
Escalatín 1317
Rapún
Yebra de Basa
Ibort
Gállego
Peñón de Cajal 1212
Bernués
Artaso
Iglesia de San Vicente
N-330
E 7
Peña Cuerva 1368
Iglesia de Virgen de Ubieto
Santa Ana
17
Orna de Gállego
Arto
Ipiés
R. Moro
Latrás
Hostal de Ipiés
Sandiás
Sieso de Jaca
Abenilla
Arto
Lasieso
Lanave
Castillo de Guarga
Campaniella 976
Javierrelatre
Latre
Ordovés
Molino de Villobas
Gállego
Caldearenas
Estallo
Alavés
Aquilué
San Vicente
N-330
Géser
Rasal
18
Belarra
Grasa
Garona
Serué
Puerto de Monrepós
E 7
Yéspola
1262
Sierra de Javierre
Sierra de Belarre
Pusilibro 1597
el Cerrolar 1546
Ibirque
Bentué de Rasal
Castillo de Loarre
Sierra Caballera
Arguís
Lúsera
Belsué
Emb. de Sta. María de Belsué
Sierra de la Gabardiella
Aniés
Emb. de Arguís
Pico del Águila 1623
Gabardiella 1695
San Cristóbal
Sierra de Gratal
Pico de Gratal 1542
N. Señora de Ordás
San Andrés
San Julián
A-23
Nueno
Sta. Eulalia de la Peña
Matapaños 1530

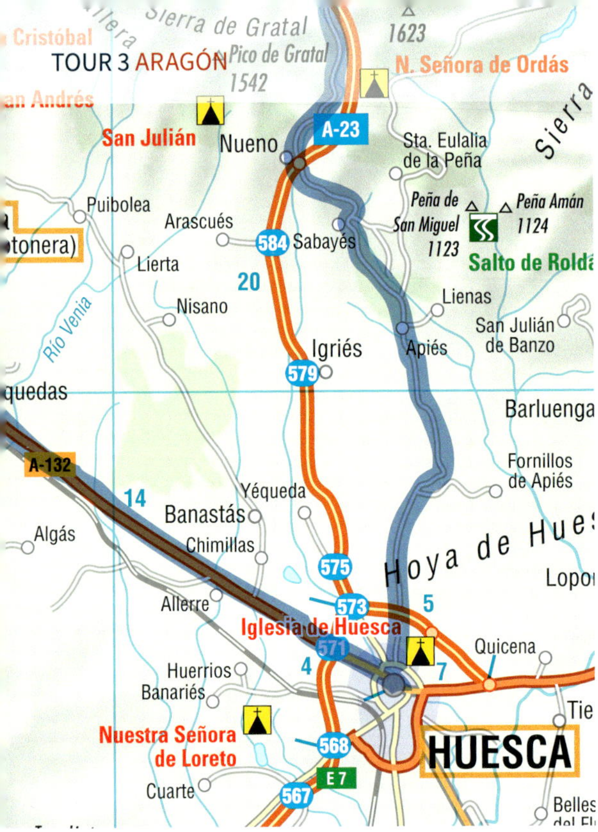

namigen Provinz. Die interessante Stadt, mit gut 50000 Einwohnern die zweitgrößte Aragóns, fasziniert mit unzähligen, mittelalterlichen Bauwerken, mit schattigen Arkaden und schönen, gepflasterten Plätzen. Hier ist immer etwas los, jede Menge nette Läden in den schmalen Gassen und ein breit gefächertes touristisches Programm ziehen jedes Jahr viele Touristen an.

Imposante Festung

Kiki und ich ziehen heute das motorisierte Sightseeing vor, drehen eine große Runde um die Kathedrale und durch das Zentrum und verlassen Huesca schließlich wieder in Richtung Ayerbe. Bei Esquedas setze ich den Blinker links und steuere auf das *Embalse de la Sotonera* zu. Der in einer offenen Landschaft schön gelegene Stausee ist als Freizeitareal sehr beliebt. Viele kleine Sandbuchten und grüne Uferabschnitte laden zum Sonnenbaden, Segler und Kanuten kreuzen über das türkis schimmernde Wasser und

Die Kathedrale von Huesca.

viele spanische Familien verbringen die sonnigen Wochenenden mit Kind, Kegel und Grill an den Ufern.

Nur wenige Kilometer hinter dem See treffen wir wieder unseren alten Bekannten, den Rio Gállego. Ihm folgen wir in Richtung Norden und erreichen auch bald unseren Camping-Ort Ayerbe. Bevor wir jedoch unsere Tour für heute beenden, zieht es uns noch zu einem ganz besonderen Ziel: zum Castillo de Loarre. Die Auffahrt über den gleichnamigen Ort ist nicht schwer zu finden. In sanften Schwüngen führt die Straße aus dem flachen Land um den Fluss hinauf in die *Sierra de Loarre*, deren höchster Punkt sich immerhin gut 1600 Meter in den Himmel reckt. Schon von weitem ist die imposante Festung zu sehen. Auf einem gewaltigen Felsen thront sie schon seit dem 11. Jahrhundert beeindruckend hoch über der umliegenden Landschaft. Nicht weniger als acht Rundtürme verteilen sich um den wehrhaften doppelten Mauerring, in dessen Zentrum sich der dreigeschossige Hauptturm, ein weitere Turm und eine Kirche verschanzen. Die Burg von

Aragon geizt nicht mit tollen Panoramen.

Loarre, die bedeutendste romanische Burg Spaniens.

Loarre gilt als bedeutendste romanische Burg Spaniens und hier war es auch, wo Starregisseur Ridley Scott große Teile seines epochalen Ritterfilms Königreich der Himmel mit Orlando Bloom und Liam Neeson drehte.

Heute und hier drehen nur einige Gleitschirmflieger ihre eher ruhigen Runden um die Burg. Natürlich lassen auch die beste Sozia der Welt und ich uns einen Besuch dieses geschichtsträchtigen Bauwerks nicht entgehen. Für erstaunlich moderate vier Euro Eintritt dürfen wir nach Herzenslust in dem alten Gemäuer wandeln, die steilen Treppen erklimmen und nach der „Dama de Loarre“ suchen. Sie, Violante de Luna, war einst die Geliebte des Burgherren Antón de Luna. Nach dessen Flucht verteidigte Violante die Festung, musste jedoch nach drei Monaten kapitulieren und landete im Gefängnis. Irgendwann verlor sich ihre Spur und viele Spanier schwören Stein und Bein, dass ihre weiße, wehende Gestalt noch heute in manchen Nächten auf den Mauern der Festung erscheint und nach ihrem Geliebten Ausschau hält. ◂

INFOS ZUR TOUR

CHARAKTERISTIK

Diese spannende Sightseeing-Tour bietet von jedem etwas: Die fantastische Bergwelt der Pyrenäen, das flache Land Aragóns, das mit seinen Felsen und Tafelbergen bisweilen an den Westen Amerikas erinnert, eines der schönsten Dörfer Spaniens und die beeindruckendste Festung des spanischen Pyrenäen-Vorlands – also Abwechslung satt. Das gilt auch für die Straßen, von der breiten Schnellstraße bis zur verwinkelten Bergstrecke ist alles dabei. Fahrerisch gibt es keine heftigen Herausforderungen, die Route ist für alle Arten von motorisierten Zweirädern geeignet. Für die Stollenfraktion gibt es immer wieder kleine Abstecher rechts und links des Asphalts.

ÜBERNACHTUNG

Camping Isábena
Carretera Graus-Viella, km 27
E-22482 La Puebla de Roda, Huesca
Deutschsprachiger Camping- und Bungalowpark mit Enduroverleih, Pannenservice und mehr.
www.isabena.eu
GPS 42.306815, 0.545587

Hotel Hostería de Guara
C/ Oriente nº2, E-22144 Bierge
Familiengeführtes Hotel, sehr freundlich, geführten Touren, Pannenservice, Trockenraum.
www.hosteriadeguara.com
GPS 42.162582, -0.076233

KOMBINATIONSMÖGLICHKEITEN

Für Vielfahrer bietet sich noch ein Abstecher in die großartige Stadt Pamplona an. Wer eher auf Pässe steht ergänzt die Tour mit einem Ausflug auf den legendären Pyrenäenpass Col du Somport. Motorsportfreunde besuchen das Motorland Aragón, die Rennstrecke bei Alcañiz, auf der unter anderem jährlich die MotoGP ausgetragen wird.

Meer **und mehr**

Die Tour der Kontraste: Im malerischen Badeort Collioure fällt der Startschuss zu einer abwechslungsreichen Tour entlang der „Wilden Küste“ der Costa Brava, über die faszinierende Halbinsel Cap de Creus, in das bergige Hinterland der spanischen Küste und schließlich in eine der kurzweiligsten Städte Europas: in das faszinierende Barcelona. Und wer die Badehose eingepackt hat, darf hier auch Strandurlaub genießen.

Die Küstenstraße der Costa Brava ist immer für einen Stopp gut.

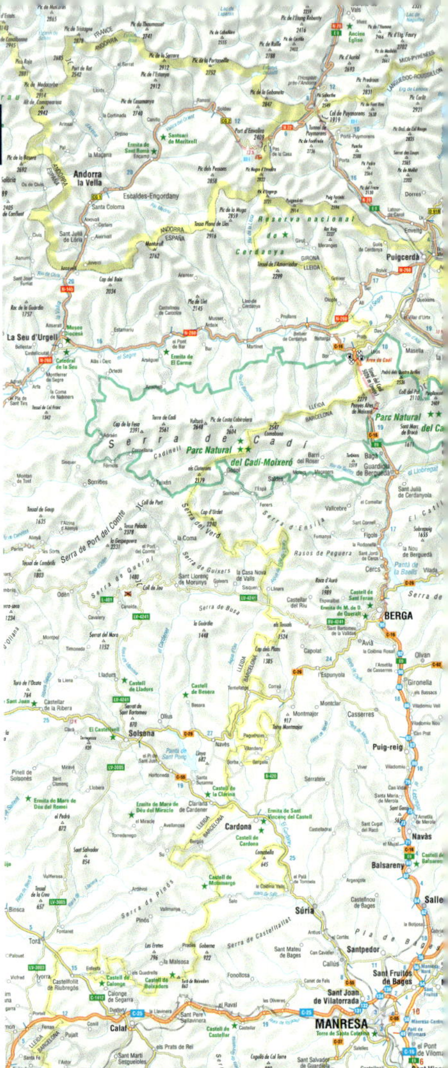

TOUREN-STECKBRIEF

START- UND ZIELORT

Collioure (42.526313, 3.083002)
Barcelona (41.375973, 2.177519)

STRECKENLÄNGE

ca. 330 km

DAUER DER TOUR

8-9 Stunden

ROADBOOK

Collioure, Portbou, Col de Balistres, Llançà, El Port de la Selva, Cadaqués, Portlligat, Punta de Cap de Creus, Roses, Figueres, Besalú, Castellfollit de la Roca, Olot, Banyoles, Sant Feliu de Guíxols, Tossa de Mar, Barcelona

HIGHLIGHTS

Die spannende Küstenstraße vor und hinter der französisch-spanischen Grenze bei Portbou macht richtig Spaß (42.426865, 3.160331).

Nur ein kurzer Abschnitt ist dagegen der Weg hinaus zum Punta de Cap de Creus, dennoch ein echtes Highlight (42.318778, 3.315511).

Aller guten Dinge sind drei: Die wilde Küstenstraße südlich von Sant Feliu de Guíxols komplettiert den Reigen. (41.773272, 3.011018).

Cadaques, das bildschöne Küstenstädtchen.

PRADES
Céret
Amélie-les-Bains Palalda
Argelès-sur-Mer
Côte Vermeille
FIGUERES
RIPOLL
OLOT
BANYOLES
GIRONA
VIC
La Bisbal d'Empordà
Palafrugell
SANTA COLOMA de Farners
SANT FELIU DE GUÍXOLS
Tossa de Mar
Lloret de Mar
Blanes
Malgrat de Mar
Pineda de Mar
Calella
GRANOLLERS
SABADELL
MATARÓ
BADALONA
BARCELONA
Golf de Roses
Costa Brava
Costa de Llevant
Garraf

le Racou-Plage
Port-Vendres
D 914
Pic Martineau
555
Collioure
Notre-Dame de Consolation
Château Pares
Phare de Paulilles
Anse de Paulilles
Cap Ouilestreil
Vermeille
Réserve Naturelle de la Forêt de la Massane
Banyuls-sur-Mer
Cap de l'Abeille
Pic de Sallfort
980
Tour Madeloc
les Abeilles
Réserve Naturelle Marine de Cerbère-Banyuls
19
457
Anse de Terrimbo
de l'Albera
FRANCE
ESPAÑA
Tour Carroig
Col des Balitres
165
Cerbère
Cap de Cervera
Portbou
Platja de Portbou
Memorial Walter Benjamin
N-260
Cap Marcer
S. Gilbert
Monasterio de Sant Miquel de Colera
Colera
Platja de l'Engoixa
els Vilars
Garbet
Puig d'Esquers
606
14
Platja Garbet
Espolla
Grifeu
Cap Ras
Platja Grifeu
Rabós
Vilamaniscle
Llançà
el Port de Llançà
Torre Romànica
Ermita de Sant Vicent
Pt. s'Arenella
Platja de la Ribera
la Farella
Mollet de Peralada
Delfià
la Valleta
Far de s'Arenella
Cap Gros
Platja el Golfet
GI-603
Garriguella
7
Parc
Santa Helena
el Port de la Selva
Castell de Carmençọ
Ermita de Santa Maria
Tudela
Monastir de Sant Pere de Rodes
la Selva de Mar
Museu del Vidre
Vilajuïga
Castell de Sant Salvador
Casa-Museu de Salvador Dalí
Olives
14
natural de Cap
Marza
Pau
Peralada
Portlligat
Palau-saverdera
Castell de Bufalaranya
Pedret
N-260
Iglesia de St. Maria
Parc
GI-610
el Pení
606
Cadaqués
Mas Busca
Vilanova de la Muga
natural
Santa Margarida
de Norfeu
Vilabertran
Basilica Santa Maria
7
3
Ciutadella
Castelló d'Empúries
Aqua Brava
Roses
la Muga
Montjoi
9
Vila-sacra
C-260
Platja del Rastell
8
Castell de Puig Rom
Cala Jóncol
Far de la Poncella
3
Cala Montjoi
el Far d'Empordà
Empuriabrava
Punta de la Poncella
Platja de Jóncol
Cap de Norfeu
Fortià
el Pont del Príncep
Platja Canyelles Petites
Punta Falconera
dels Aiguamolls
Platja d'Empuriabrava
Riumors
Vilamalla
C-31
de l'Empordà
R. Sirvent
Platja Can Comes
Siurana
Vilamacolum
Sant Pere Pescador
Sant Tomàs de Fluvià
Torroela de Fluvià
Platja Sant Pere Pescador

Keine Frage, es hat schon einen besonderen Flair, das Künstler- und Fischerdorf ***Collioure*** am nördlichen Ende der ***Côte Vermeille***. Nicht nur der kleine Stadtstrand mit der dahinter liegenden hübschen und farbenfrohen Häuserzeile und die Wehrkirche mit ihrem markanten Turm verleihen Collioure seinen speziellen Charme. Unser Blick vom Frühstückstisch im Café fällt auch auf die fotogene Festung gleich neben dem Strand. Eine tolle Kulisse, in der Croissant und Kaffee gleich doppelt gut schmecken.

Die Wilde Küste

Kaum haben wir den letzten Schluck des Café au Lait getan, sitzen wir schon auf unserem Motorrad und lassen Collioure hinter uns. Unser Ziel ist die ***Costa Brava***, die „Wilde Küste" Spaniens. Diesen Begriff prägte schon 1908 der Schriftsteller Ferran Agulló in einem Zeitungsartikel. Noch genießen Kiki und ich aber die kurvenreiche Küstenstraße der wild zerklüfteten Côte Vermeille. Über ***Port-Vendres*** und ***Banyuls*** erreichen wir über unzählige Kehren und Auf- und Abstiege die Grenze nach Spanien bei ***Portbou***. In Zeiten der offenen Grenzen innerhalb der EU ist sie kaum zu erkennen. Lediglich das Schild des ***Col de Balistres*** und das ziemlich verlassen wirkende ehemalige Zöllnerhaus geben einen Hinweis.

Noch gut zwölf Kilometer kurven wir auf der Küstenstraße weiter, die sich Spanien ***N-260*** nennt, dann erreichen wir den Badeort ***Llançà*** und

Collioures Wahrzeichen sind der Uhrenturm …

… und die Festung am Strand.

ich setze den Blinker. Linkerhand liegt die felsige Halbinsel des *Cap de Creus*. Die etwa zehn mal zehn Kilometer große Halbinsel ragt weit hinaus ins Mittelmeer, markiert den östlichsten Punkt der Iberischen Halbinsel und den Beginn der *Costa Brava*. Fast die komplette Halbinsel gilt heute als Naturpark. Wir folgen der *GI-613* und damit den Schildern nach *Cadaqués*. Ab *Llançà* windet sie sich erst mal entlang der schönen Küste des *Cap del Bol* bis nach *El Port de la Selva*, einem hübschen Badeort mit großem Yachthafen. Im weiteren Verlauf geht es quer durch den Naturpark an die Küste nach Cadaqués.

Auf einen Café con leche

Das ehemalige Fischerdorf liegt sehr malerisch in einer zum Meer weit offenen Bucht. Die weiß strahlenden Häuser rahmen das türkis schimmernde Wasser im Hafen ein und auf den einladenden Terrassen der Straßencafés ist es nie wirklich leer. Auch wir kön-

Ideal für die Pause: das interessante Cadaques.

nen nicht widerstehen, parken unsere BMW fast direkt am Wasser und lassen uns bei einem Café con leche die warme Vormittagssonne ins Gesicht strahlen. Cadaqués und das kleine, direkt anschließende *Portlligat* sind die Heimat Salvador Dalís. Auch andere bekannte Künstler wie Pablo Picasso und Joan Miró prägten das Image des Ortes und trugen zu dessen Bekanntheit bei. In Portlligat besuchen Kiki und ich Dalís Wohnhaus, das heute als Museum eingerichtet ist und über das aufregende Leben und Schaffen des großartigen Maler, Schriftsteller und Bildhauer berichtet.

Die schmale Straße nach Portlligat führt gleich weiter zur nordöstlichsten Ecke des Cap de Creus, zum *Punta de Cap de Creus*. Dessen 1853 errichteter Leuchtturm liegt knapp 80 Meter über dem Meer und leuchtet mehr als 60 Kilometer weit auf das Mittelmeer hinaus. Rechts und links der Straße wechseln sich grüne, blühende Macchia und bizarre Felsformationen ab. Überhaupt ist das Cap für seine erodierten Felsen bekannt, die durch ihre Formen an verschiedene Tiere erinnern. So gibt es ein Kamel von Tudela, das Kaninchen von Culip, den Seehund oder den Gorilla. Was sich der

Am Cap de Creus überraschen urige Felsformationen.

große Meister Dalí bei dem von ihm persönlich verliehenen Namen „Der große Masturbator" für einen markanten Felsen dachte, ist allerdings der Fantasie des Betrachters überlassen.

Als wir vor vielen Jahren schon einmal diese Straße hinaus zum Punta de Cap de Creus befuhren, hatten wir ordentlich mit dem Sturm zu kämpfen, der uns fast vom Asphalt fegte. Heu-

Kurvenspaß am Punta de Cap de Creus.

te ist es total ruhig. Glitzernd liegt das Meer vor uns in der Sonne, fast ohne Wellen. Am Leuchtturm lasse ich das Motorrad ausrollen und zu Fuß erkunden wir ein wenig die Felsen des Caps, sehen den grün leuchtenden Eidechsen zu, die sich den wärmenden Sonnenstrahlen hingeben und tun es ihnen gleich.

Im Vulkanpark

Über die *GI-614* machen wir uns schließlich wieder auf die Reifen, das Cap de Creus zu verlassen. Nach einem kurzen, neugierigen Abstecher über den Urlaubsort Roses steuern wir gen Westen, in das Hinterland der Costa Brava. Da es hier am *Golf de Roses* keine durchgehende, reizvolle Küstenstraße gibt – die lockt erst später wieder ab *Sant Feliu de Guíxols* – wenden wir uns dem *Parc Natural de la Zona Volcanicà Garrotxa* zu. Es wird bergig hinter *Figueres*. Sanft

Blütenträume zwischen Figueres und Olot.

Motorisiertes Sightseeing in Banyoles.

steigt die *N-260* auf in die Höhen, die einst durch gewaltige vulkanische Aktivitäten entstanden. Die hübschen Städtchen *Besalú* und *Castellfollit de la Roca* locken mit ihrer alten Bausubstanz und netten Plätzen. Das Zentrum der Region ist allerdings *Olot*, eine Stadt, in der immer etwas los ist. Viele traditionelle, kulturelle Veranstaltungen stehen dort das ganze Jahr über im Kalender.

Uns reizt natürlich mehr die *GI-524*. Über unzählige Kilometer führt die kurvenreiche Straße durch den Naturpark und um die umliegenden ehemaligen Vulkane herum. Die Region gilt als die bedeutendste Vulkanlandschaft der Iberischen Halbinsel. Entsprechend verläuft der Asphalt im Zickzack durch die Landschaft und der Kurvenspaß endet erst wieder bei *Banyoles*. Auf der gut ausgebauten und schnellen *C-66* lasse ich es fliegen und mit einem interessanten Abstecher über die Bergkette *Les Gavarres* haben wir bald wieder die Mittelmeerküste erreicht. Am *Platja d'Aro* lassen wir uns in den Sand fallen und lauschen eine Weile den Wellen, bevor ich bei ***Sant Feliu de Guíxols*** auf die ***GI-682*** steuere.

Ab hier folgt eine 20 Kilometer lange Küstenstraße, die es mal wieder in sich hat. Aussichtsreich folgt der Asphalt der felsigen Küstenlinie und sorgt für jede Menge Schräglagen. Das wissen natürlich auch alle Motorradfahrer der Region und so gilt dieses Stück als echter Hotspot der lokalen Sportmotorrad-Fraktion. Dass diese sportlichen Ambitionen nicht immer gut ausgehen, lässt sich übrigens gut an den oft einspurigen Bremsspuren auf der Fahrbahn erkennen, die manchmal in der Leitplanke, bisweilen aber auch an der Böschung oder an den Felsen enden. Apropos Hotspot – auch für die örtliche Polizei ist dieser Streckenabschnitt interessant. Ich werde wohl nie die Zuständigkeiten der spanischen Policia local, der Policia nacional oder der Guardia civil verstehen, aber eigentlich ist es ja auch egal, wer die Tickets verteilt, teuer sind sie allemal. Und welcher Beamte da nun mit seinem Fernglas steht und darauf achtet, dass niemand über die weiße, durchgezogene Linie fährt, spielt für den Touristen letztlich auch keine Rolle.

Zweiräder, hier einmal ohne …

Traumstadt Barcelona

Bei Tossa de Mar ist vorerst Schluss mit dem Kurvenspaß. Die Straße wendet sich ein wenig ins Landesinnere

…und dann einmal mit Motor.

In Barcelonas Park Güell.

Denkmal für Paco Bulto am Circuit de Barcelona-Catalunya.

Der Büroturm Torre Agbar beim Placa de les Glories Catalanes in Barcelona.

und wird weniger spannend. Erst hinter Calella nähert sie sich regelmäßig wieder der Küste und ab hier fällt auch wieder der Blick auf das sonnenbeschienene Mittelmeer. Etwa hier geht nun auch die Costa Brava in die Costa de Maresme über. Aber eigentlich hat sich der Begriff der Maresme nie so richtig durchgesetzt, er bezeichnet auch eher die Comarca, was in etwa einem deutschen Landkreis entspricht. Im allgemeine Verständnis endet die Costa Brava bei Barcelona und das ist nun auch unser Ziel.

Barcelona: Weltstadt mit Flair.

Würde uns jemand nach unserer europäischen Lieblingsstadt fragen, die Antwort wäre Barcelona. Die quirlige Hauptstadt Kataloniens hat so viel zu bieten, ist so interessant und abwechslungsreich wie kaum eine andere. Wir könnten locker ein eigenes Buch darüber schreiben und unsere Erlebnisse und Eindrücke unserer bisherigen Aufenthalte in der zweitgrößten Stadt Spaniens würden den Rahmen dieses Kapitels sprengen. Aber so viel sei gesagt: Die nächsten zwei, drei Tage werden wir hier verbringen – langweilig wird es hier nie. ◀

INFOS ZUR TOUR

CHARAKTERISTIK

Fahrerisch stellt diese Route keine besonderen Ansprüche und jeder Motorradfahrer sollte die interessanten Strecken stressfrei genießen können. Einzige Ausnahme: Richtig stürmische Tage können die Fahrt hinaus aufs Cap de Creus zum Abenteuer machen. Der Mix aus Küsten- und Bergstrecken sowie den kulturellen Highlights macht die Tour 4 zur echten Entspannungstherapie. Cruisen und relaxen ist hier angesagt. Diese Route klingt in Barcelona aus. Wie bereits erwähnt: In dieser tollen Stadt ist Langeweile unbekannt und es lohnt sich, ein paar Tage zum Erkunden der Hauptstadt Kataloniens anzuhängen.

PÄSSE

Col des Balistres (165 m)

ÜBERNACHTUNG

Casa Holly
Carettera de figueres a macanet 19
E-17722 Darnius
Nicht direkt auf der Tour, aber unbedingt empfehlenswert und auf Motorradfahrer spezialisiert.
www.casa-holly.de
GPS 42.376908, 2.868216

Hotel Restaurant La Frégate
24 Avenue Camille Pelletan, F-66190 Collioure
Die perfekte Lage für Nachtschwärmer mitten in Collioure, tolle Außenterrasse unter Platanen.,
www.fregate-collioure.com
GPS 42.526369, 3.083260

KOMBINATIONSMÖGLICHKEITEN

Kombinieren lässt sich diese Tour natürlich perfekt mit Tour sieben, die in Collioure endet. Außerdem locken im Hinterland von Barcelona fantastische Strecken rund um die Abtei Monestir del Montserrat.

Unter **Pilgern**

Nach einer interessanten Anreise führt diese spannende Route auf eine der schönsten Etappen des Pilgerwegs Camino de Santiago. Auf schmalen Bergstraßen geht es durch gänzlich unbekannte Regionen der Pyrenäen, über malerische Pässe und einsame, grüne Bergrücken. Start und Ziel ist das mondäne Seebad Biarritz, in dem sich schon Kaiser und Künstler den sommerlichen Badefreuden hingegeben haben.

Auf Pilgerpfaden: unterwegs auf dem Camino.

TOUR 5 VON BIARRITZ IN DIE PYRENÄEN

Baskische Passnamen können schon mal kompliziert sein.

TOUREN-STECKBRIEF

BASISORT
Biarritz (43.483627, -1.568061)

STRECKENLÄNGE
ca. 275 km

DAUER DER TOUR
7-8 Stunden

ROADBOOK
Biarritz, Itxassou, Col de Méhatché, Pas de Roland, Bidarray, Saint-Jean-Pied-de-Port, Col de Burdincurucheta, Col Heguichouri, Col Bagargui, Larrau, Col d'Erroymendi, Roncesvalles, Puerto de Ibañeta, Saint-Jean-Pied-de-Port, Biarritz

HIGHLIGHTS
Der steile Anstieg gleich hinter Saint-Jean-Pied-de-Port mit seinen grandiosen Ausblicken ist alleine schon eine Reise in den Süden wert (43.162082, -1.238685).

Das Gleiche gilt uneingeschränkt für den Gipfel des Artzamendi (43.283265, -1.407317).

Das Kurvengeschlängel auf der spanischen NA-140 im Süden der Tour rund um die französisch-spanische Grenze und den rund 1350 Meter hohen Col d'Erroymendi bedeutet Fahrspaß ohne Ende (42.997463, -0.986094).

Biarritz: Die mächtige Kathedrale …

Kaum zu glauben, dass *Biarritz*, dass mondäne Seebad an der Biskaya, vor gerade mal 200 Jahren noch ein ärmliches Fischerdorf war. Das änderte sich fast von einem Tag auf den anderen, als 1854 die Ehefrau von Napoleon III, Kaiserin Eugénie, nach Biarritz kam. Eugénie und der Kaiser waren so angetan, dass sie hier ihre Residenz bauen ließen. Natürlich eiferte der damalige Jetset dem Kaiserpaar nach und nur wenige Jahre später galt Biarritz als die französische Sommerfrische Nummer eins. Heute ist es weniger der Adel, als vielmehr Surfer und „normale“ Sommergäste, die das See- und Heilbad als Urlaubsort wählen.

… und die Eisenbrücke von Gustave Eiffel

Entspannt überholen

Darunter nicht wenige Motorradfahrer, ist doch Biarritz ein idealer Standort, um von hier aus kurzweilige Touren in die westlichen Pyrenäen zu starten. Auch Kiki und ich klettern hier am Morgen auf unser Zweirad und verlassen die Hauptstadt des gleichnamigen Kantons in Richtung des französisch-spanischen Grenzgebirges. Zügig folgen wir der perfekt ausgebauten *D932* entlang des Flusses *Nive*, der gleich nördlich von Biarritz

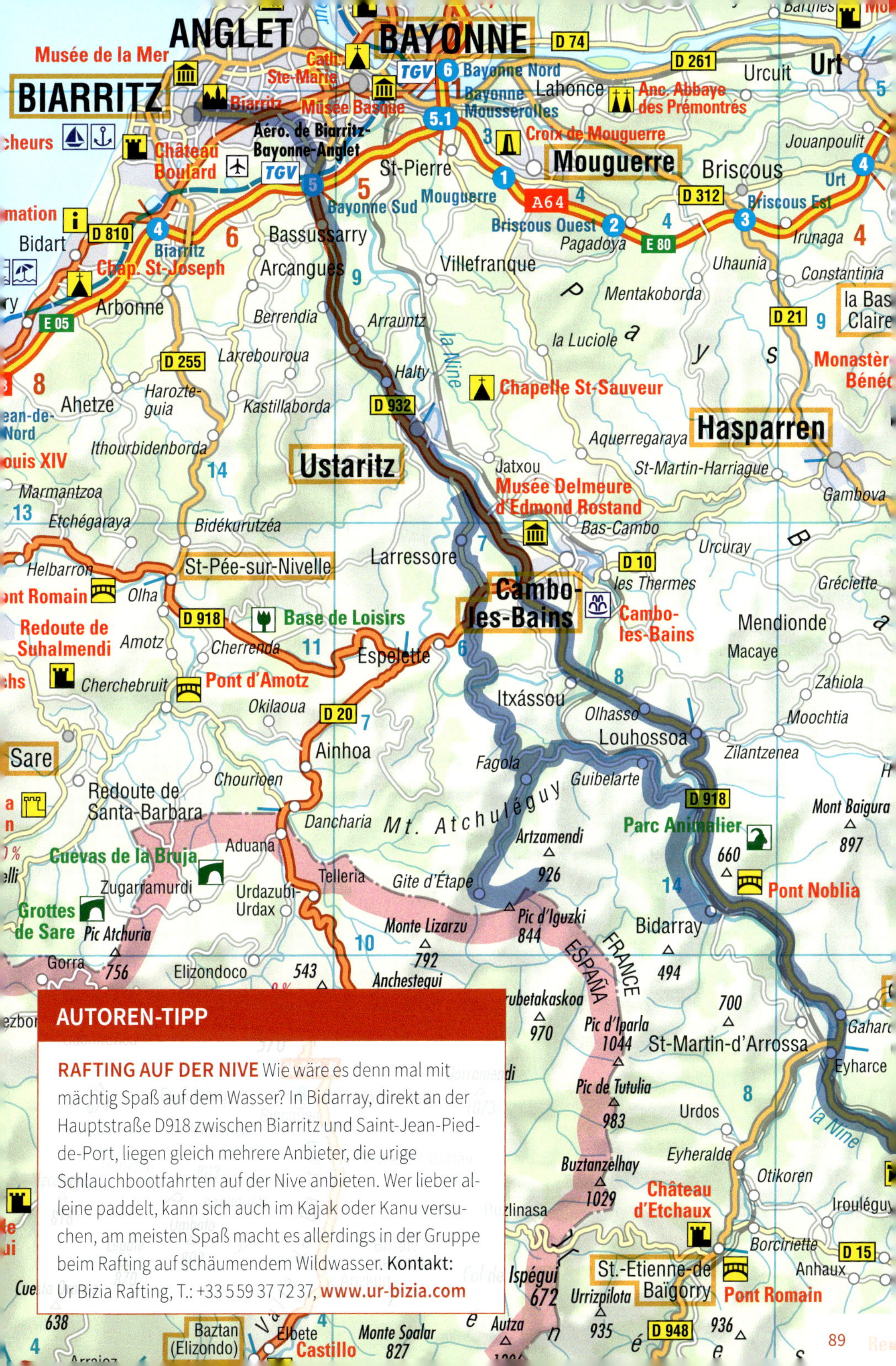

AUTOREN-TIPP

RAFTING AUF DER NIVE Wie wäre es denn mal mit mächtig Spaß auf dem Wasser? In Bidarray, direkt an der Hauptstraße D918 zwischen Biarritz und Saint-Jean-Pied-de-Port, liegen gleich mehrere Anbieter, die urige Schlauchbootfahrten auf der Nive anbieten. Wer lieber alleine paddelt, kann sich auch im Kajak oder Kanu versuchen, am meisten Spaß macht es allerdings in der Gruppe beim Rafting auf schäumendem Wildwasser. **Kontakt:** Ur Bizia Rafting, T.: +33 5 59 37 72 37, **www.ur-bizia.com**

Uferstrecke an der Nive.

in den Atlantik mündet. Immer wieder fällt uns auf französischen Landstraßen auf, dass die meisten Autofahrer sich eher rechts halten, sobald sich ein Motorrad von hinten nähert. Das gilt auch an Ampeln. Schnell hat man so mal ein Auto überholt, ein freundlicher Gruß als Dank und schon geht's weiter. Schade, dass das zu Hause nicht immer so fix funktioniert.

Bei ***Itxassou*** heißt es Blinker setzen und, kurz bevor die ***D918*** die Nive

St-Jean-Pied-de-Port ist ein Eldorado für die Pilger.

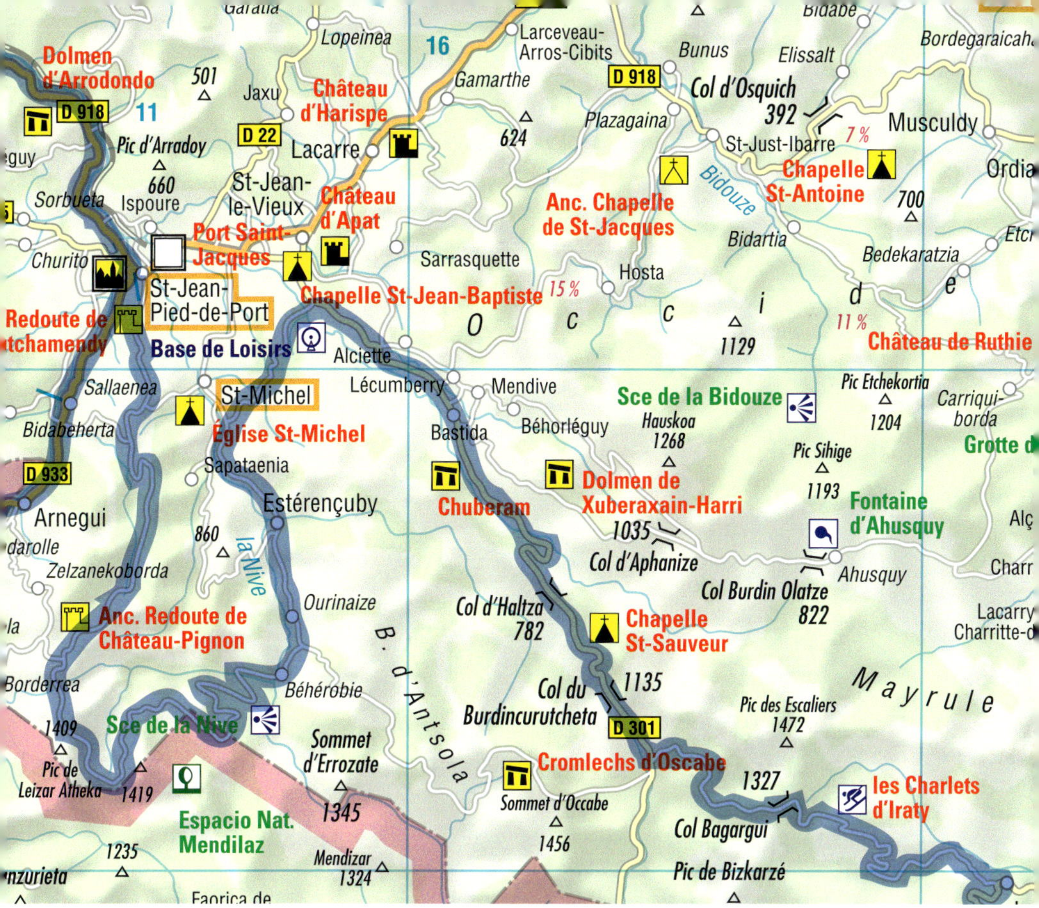

überquert, rechts abbiegen. Gleich zwei lohnenswerte Ziele machen diesen Abstecher zum Muss. Da wäre zum einen natürlich die schmale, landschaftlich einfach traumhaft gelegene *D349*, die sich eng an die Nive schmiegt und sich mit dem Bergbach viele Kilometer das Tal teilt. Aber da ist natürlich auch noch die Auffahrt zum *Col de Méhatché*, einer steilen, langen Auffahrt, die zum Gipfel des fast 1000 Meter hohen *Artzamendi* führt. Klar, dass wir diesen Anstieg mitnehmen. Zwischen Pferden und Kühen Slalom fahrend, zirkeln wir die schmale Straße gen Himmel. Immer weiter steigen

Uhrenturm in St-Jean-Pied-de-Port.

Auch kleinste Orte sind bisweilen gut ausgeschildert.

wir auf, haben bald einen gigantischen Ausblick auf alle umliegenden Berggipfel. Nur eine Handvoll Mountainbiker teilen sich mit uns den Asphalt. Oben angekommen genießen wir lange den tollen Rundblick, bis wir uns wieder losreißen können.

Zurück an der Nive statten wir dem *Pas de Roland* noch einen Besuch ab. Hier hat der Sage nach Roland, legen-

Geniale Kurven im Baskenland.

Spannende Pfade für Maschinen und Milchvieh.

därer Ritter und Heerführer, mit seinem Schwert Durendal eigenhändig ein Felsentor am Ufer der Nive in den Fels geschlagen. Ob er es tatsächlich selber war, können wir nicht verifizieren, aber schön ist es hier auf jeden Fall. Wir folgen der Nive, beobachten die Rafter auf ihren Schlauchbooten und kehren bei ***Bidarray*** wieder auf die D918 zurück.

Am historischen Pilgerweg

Die führt uns zügig in Richtung ***Saint-Jean-Pied-de-Port***. Set vielen Jahrzehnten gilt die Stadt an der Nive als Beginn des ***Camino Francés***, des historischen Pilgerweges, der über den ***Ibañeta-Pass*** über die Pyrenäen führt und nach rund 800 Kilometern in ***Santiago de Compostela*** endet. Saint-Jean-Pied-de-Port ist auch für Nicht-Pilger interessant. Es ist viel los in den kleinen Gassen des sympathischen Örtchens, einladende Cafés und schattenspendende Bäume und Bänke locken zur Pause, nette Läden offerieren allerlei Krimskrams und in den Restaurants und Bars des Ortes kredenzen die Wirte leckere Mahlzei-

Treff unweit des Col de Burdincurucheta.

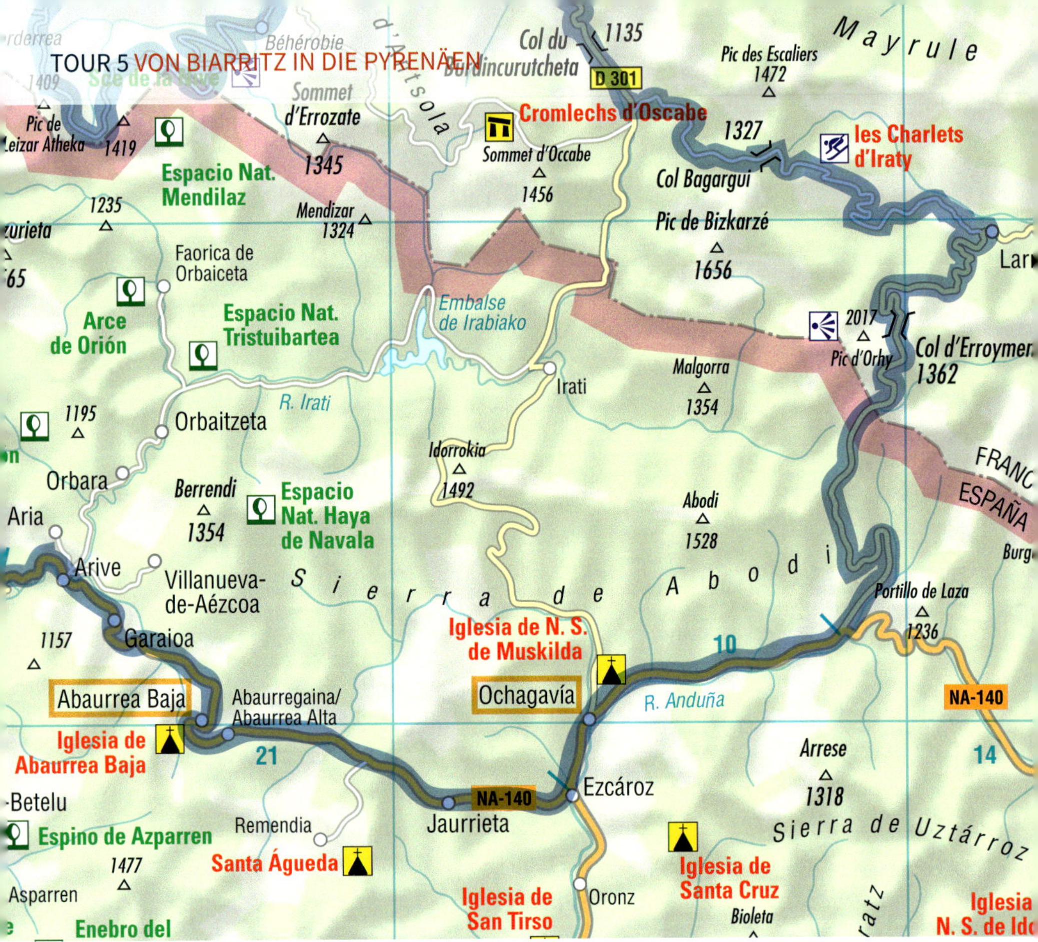

ten vom einfachen Salat bis zum Vier-Gänge-Menu.

Auch wenn wir keine Pilger sind, uns lockt der *Camino*. Ich folge einfach den zahlreichen Schildern mit der gelben Jakobsmuschel und wir verlassen Saint-Jean-Pied-de-Port in Richtung Süden. Der Anstieg der nun folgenden Kilometer ist gewaltig und diese allererste Etappe ist gleichzeitig die heftigste Prüfung für die rucksackbepackten Pilger. Viele, viele Kilometer geht es stramm bergauf und erst an der französisch-spanischen Grenze ist Schluss mit der Steigung. Kiki und ich beneiden die Fußgänger nicht, reicht bei uns doch schon ein entspannter Dreh am Gasgriff für ordentlich Schwung. Unterwegs begegnen wir auf dem schma-

Der obligatorische Aufkleber fürs Pass-Schild.

len Weg einem Taxi, das schon den ersten „Aufgeber“ eingesammelt hat.

Mit unserer schweren Reiseenduro können wir nicht dem kompletten Weg folgen, der auf dem Grenzkamm zum Fußweg wird. Macht aber nichts, wir folgen ein Stück der Grenze und stürzen uns dann wieder gen Tal. In wildem Zickzack führt der Weg über die Hänge des Grenzgebirges. Wie in der Achterbahn geht es rauf und runter und kreuz und quer durch die Berge.

Mopped-Traum um die Sierra de Abodi.

Stopp am Port de Larrau.

Kaum jemand verirrt sich hier in diese Region, deren Pässe fast unaussprechliche Namen haben. Wir überqueren den *Col de Burdincurucheta*, dicht gefolgt vom *Col Heguichouri*. In baskischer Sprache heißt ersterer übrigens Burdinkurutxetak, was die Sache jetzt auch nicht unbedingt leichter macht. Bei *Larrau*, gleich hinter dem *Col Bagargui*, erreichen wir erstmals wieder eine auf der Karte gelb markierte Straße. Zwar ist sie auch tatsächlich ein wenig breiter als die weißen hinter uns, aber sie hat nicht etwa weniger Kurven. Die nun folgenden fast 50 Kilometer sind nicht umsonst in unserer Michelin-Karte mit einem grünen Streifen markiert und damit als landschaftlich besonders schön gekennzeichnet. Die Strecke ist einfach ein Traum und scheint nicht enden zu wollen.

Mörderische Etappe

Irgendwann kurz vor *Roncesvalles* haben wir uns endgültig schwindelig gefahren und – es ist kaum zu glauben – freuen uns mal über ein Stück gerader Straße. Zwischen dem *Rio Irati* und der *N-135* lasse ich das Motorrad einfach rollen, schüttele die Hände aus und versuche, das Dauergrinsen wieder aus dem Gesicht zu bekommen, das mich seit unzähligen Kurvenkilometern begleitet.

Das kleine Roncesvalles hatte schon immer eine große Bedeutung. Schon in vorrömischer Zeit wurden hier die

Pyrenäen überquert, in der berühmten Schlacht von Roncesvalles im August 778 wurden hier Truppen Karls des Großen vernichtend geschlagen und noch heute ist der Ort eine wichtige Etappe des ***Jakobswegs***. Wahrscheinlich fühlen sich viele Pilger, die die erste mörderische Etappe über den Pyrenäenkamm hinter sich haben, nicht weniger kaputt als die geschlagenen Truppenteile Karls des Großen. Während wir relaxt einen Café au lait in den bequemen Stühlen vor der Bar genießen, hinkt so mancher Wanderer ziemlich ermattet an uns vorbei.

Kernige Kurven

Der 1057 Meter hohe ***Puerto de Ibañeta*** gleich hinter Roncesvalles führt uns in nördliche Richtung und knapp 20 Kilometer später überqueren wir wieder die Grenze nach Frankreich, wo uns die ***D933*** wieder zurück nach Saint-Jean-Pied-de-Port führt. Als Kontrastprogramm zu all den engen und kernigen Kurven, die hinter uns liegen, versteht sich die D918, die uns

Die Jakobs-Muschel: Symbol der Pilger.

An der alten Steinbrücke bei Ochagavia.

Und nach der Tour in die Bars von Biarritz.

nun gen Norden und damit in Richtung Atlantik führt. Sanft geschwungen orientiert sie sich am Flussbett der Nive. Aber wie auf vielen der so verlockenden, breiten Landstraßen in Frankreich lauert auch hier der eine oder andere Blitzer auf zu schnelle Verkehrsteilnehmer. Und auch für Motorradfahrer ist auf Frankreichs Landstraßen Vorsicht geboten. Immer öfter werden die alten grauen Blitz-Kästen durch moderne runde Säulen ersetzt. Die erkennt man nicht nur später, sie können auch in beide Richtungen blitzen und dokumentieren damit auch das Motorrad-Kennzeichen. Dumm gelaufen – wer mit richtig hohem Tempo erwischt wird, ist in Frankreich auch schon mal einen satt vierstelligen Betrag los. Und im Gegensatz zu Deutschland gilt bei unseren Nachbarn die Halterhaftung; vorbei mit den Ausreden.

Das Tauwerk von Fischers Fritz.

Wir schaffen es ohne Ticket zurück nach Biarritz, rollen noch ein Runde durch das quirlige Zentrum und erreichen schließlich unser Hotel. Den Tag lassen wir später in Biarritz Gassen ausklingen. Das Angebot ist riesig, das Programm groß und Hunger und Durst mächtig - die idealen Voraussetzungen..

INFOS ZUR TOUR

CHARAKTERISTIK

Während der erste und der letzte Teil dieser Tour, die schnellen Etappen auf der D918, fahrerisch nicht so anspruchsvoll sind, geht es auf den anderen Kilometern dieser Tour so richtig ins Eingemachte. Sehr schmale, zum Teil rumpelige und extrem kurvenreiche Asphaltabschnitte zwingen zur Konzentration und eine gewisse Fahrerfahrung ist durchaus von Vorteil. Um die großartigen Panoramen entsprechend würdigen zu können, lieber mal anhalten. Vorsicht ist vor allem bei Nässe geboten. Die Straßen im Süden dieser Route sind durch die vielen frei laufenden Pferde und Kühe schon mal verschmutzt, dann wird es auch glatt.

PÄSSE

Col de Méhatché (716 m), Col de Burdincurucheta (1135 m), Col Heguichouri (1341 m), Col Bagargui (1327 m), Puerto de Ibañeta (1057 m)

ÜBERNACHTUNG

Escale Oceania Biarritz

19 Avenue De La Reine Victoria, F-64200 Biarritz
Zentrale Lage, nur 300 m vom Hauptstrand, komplett renoviert und sehr ansprechend.
escale-oceania-biarritz.h-rez.com
GPS 43.485281, -1.552438

Hôtel de la Plage

Promenade Jacques Thibaud
F-64500 Saint-Jean-de-Luz
Toll gelegen nahe des alten Hafens, eigenes Restaurant mit fantastischem Meerblick.
www.hoteldelaplage.com
GPS 43.389800, -1.662957

KOMBINATIONSMÖGLICHKEITEN

Die Tour lässt sich sehr gut mit Tour neun verbinden. Vielfahrer können auch die beiden in Tour neun integrierten Küstenstraßen in dieser Route einbauen. Und wer kurz vor der Rückkehr nach Biarritz noch Lust auf ein paar Kilometer mehr hat, hängt einen Abstecher in die interessante Stadt Bayonne an.

RAPPEL

Kleines **Kanada**

Zu einem großen Teil verläuft diese Tour durch den Parc Naturel Régional des Pyrénées Catalanes, und nicht umsonst nennt sich ein Teil dessen „Little Canada“. Dichte Wälder wechseln sich mit saftig grünen Wiesen ab, das faszinierende Bergland bildet eine fantastische Kulisse. Als Zugabe gibt es einige spannende Pässe, auf denen auch die sportlich fahrende Fraktion ihren Spaß finden wird.

Rund um den Col de Pailheres liegen herrliche Bergstrecken.

TOUREN-STECKBRIEF

BASISORT
Bourg-Madame (42.433770, 1.94400)

STRECKENLÄNGE
ca. 165 km

DAUER DER TOUR
6 Stunden

ROADBOOK
Bourg-Madame, Mont-Louis, Col de la Llose, Col de Creu, Lac de Puyvalador Aude, Quérigut, Col de Pailheres, Ax-les-Therme, Col de Puymorens, Bourg-Madame

HIGHLIGHTS
Die einsame Bergwelt des Parc Naturel Régional des Pyrénées Catalanes ist in vieler Hinsicht grandios. Das gilt auch für die beschriebene Nebenstrecke parallel der D118 zwischen Mont-Louis und Puyvalador.

Dies können die Rampen des Col de Pailhères jedoch noch toppen. Der Pass mit seinen Zufahrten ist unter Motorradfahrern eher noch ein Geheimtipp und für uns mit Sicherheit einer der schönsten in den ganzen Pyrenäen (42.733656, 1.992822).

Tierisch was los am Col de Pailheres.

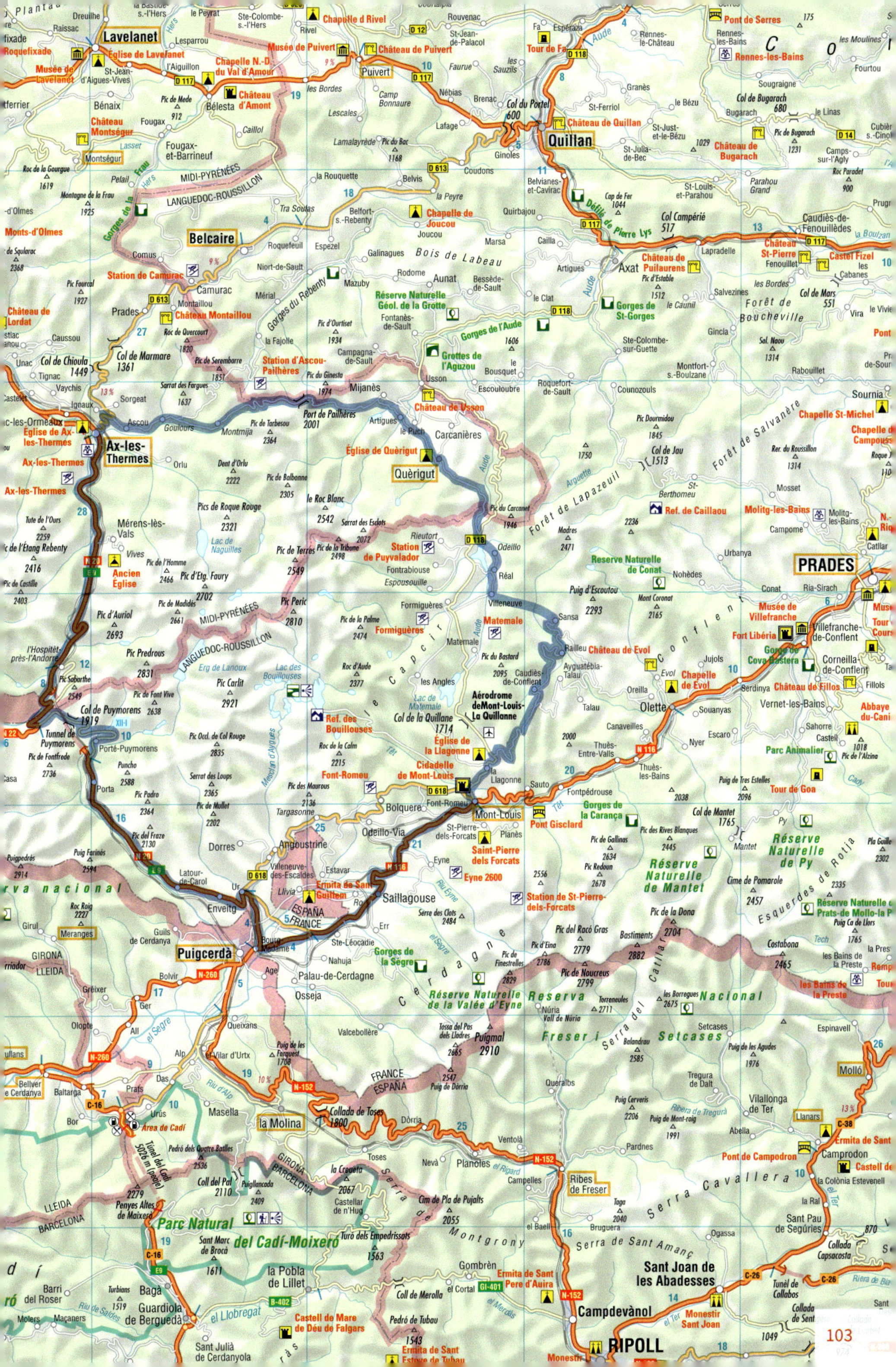
Lavelanet
Église de Lavelanet
Musée de Lavelanet
Chapelle N.-D. du Val d'Amour
Château d'Amont
Bélesta
Château de Puivert
Musée de Puivert
Puivert
Chapelle d'Rivel
Tour de Fa
Pont de Serres
Rennes-les-Bains
Quillan
Château de Quillan
Col du Portel
Château de Bugarach
Pic de Bugarach
Château Montségur
Montségur
Fougax-et-Barrineuf
MIDI-PYRÉNÉES
LANGUEDOC-ROUSSILLON
Gorges de la Frau
Belcaire
Chapelle de Joucou
Défilé de Pierre Lys
Col Campérié
Château St-Pierre
Castel Fizel
Château de Puilaurens
Axat
Station de Camurac
Camurac
Château Montaillou
Château de Lordat
Réserve Naturelle Géol. de la Grotte
Gorges du Rebenty
Gorges de l'Aude
Grottes de l'Aguzou
Gorges de St-Georges
Forêt de Boucheville
Station d'Ascou-Pailhères
Col de Chioula
Col de Marmare
Port de Pailhères
Mijanès
Château de Usson
Ax-les-Thermes
Église de Ax-les-Thermes
Église de Quèrigut
Quèrigut
Forêt de Lapazeuil
Forêt de Salvanère
Chapelle St-Michel
Ref. de Caillau
Molitg-les-Bains
PRADES
Mérens-les-Vals
Ancien Église
Station de Puyvalador
Réserve Naturelle de Conat
Musée de Villefranche
Fort Libéria
Villefranche-de-Conflent
Gorge de Cova Bastera
Château de Filles
Château de Evol
Chapelle de Evol
Olette
Conflent
Formiguères
Matemale
Capcir
Lac de Matemale
Aérodrome de Mont-Louis-La Quillanne
Col de la Quillane
Église de la Llagonne
Cidadelle de Mont-Louis
Col de Puymorens
Tunnel de Puymorens
Porté-Puymorens
Ref. des Bouillouses
Font-Romeu
Mont-Louis
Pont Gisclard
Gorges de la Carança
Parc Animalier
Tour de Goa
Abbaye du-Cani
Saint-Pierre dels Forcats
Eyne 2600
Station de St-Pierre-dels-Forcats
Réserve Naturelle de Mantet
Réserve Naturelle de Py
Réserve Naturelle de Prats-de-Mollo-la-Preste
Ermita de Sant Guillem
Saillagouse
Llívia
ESPAÑA
FRANCE
Puigcerdà
Bourg-Madame
Cerdagne
Gorges de la Sègre
Réserve Naturelle de la Valée d'Eyne
Reserva Nacional Freser i Setcases
Puigmal
Serra del Cadí
Molló
Camprodon
Pont de Campodron
Ermita de Sant
la Molina
Collada de Toses
Area de Cadí
Túnel del Cadí 5026 m (péage)
Parc Natural del Cadí-Moixeró
Ribes de Freser
Serra Cavallera
Sant Joan de les Abadesses
Monestir Sant Joan
Ermita de Sant Pere d'Auira
Campdevànol
RIPOLL
Castell de Mare de Déu de Falgars
Bagà
Guardiola de Berguedà
la Pobla de Lillet
Serra de Montgrony
Ermita de Sant Esteve de Tubau

Stadtbummel durch ein Bergdorf …

Der französische Baumeister Sébastien Le Prestre de Vauban war ein sehr umtriebiger Mensch. Während seines langen Lebens von 1633 bis 1707 plante er nicht weniger als 33 Festungen, Zitadellen und Forts sowie rund 400 weitere Projekte. Heute würde er wohl als Workaholic gelten. Ein Teil der von ihm geschaffenen wehrhaften Bauten wurden als Festungsanlagen von Vauban zusammengefasst und zum UNESCO-Welterbe erklärt. Dazu gehören die mächtige Festung und die Stadtmauern von *Mont-Louis*, durch die Kiki und ich gerade schlendern.

… und durch Saillagouse.

20 Kilometer Kurven

Heute morgen waren wir ganz in der Nähe von Bourg-Madame aufgebrochen, wo wir in einem gemütlichen Hotel nächtigten, hatten die gut 20 Kilometer Kurvenfahrt entlang der *N116* bis Mont-Louis genossen und stellten dann unser Motorrad gleich vor der mächtigen Zitadelle von Mont-Louis ab. Jetzt bummeln wir durch die

Gassen innerhalb der Festung, staunen über die gewaltigen Außenmauern und nehmen uns vor, noch mal mit mehr Zeit im Gepäck hierher zurückzukommen. Schließlich wartet draußen die BMW und viele spannende Motorradkilometer.

Ein paar Minuten später sitzen wir schon wieder auf dem Mopped, lassen Mont-Louis hinter uns und keine drei Kilometer weiter rollen wir schon über den ersten Pass: den 1860 Meter hohen *Col de la Llose*. Er ist recht einfach zu finden, die Abzweigung ist ausgeschildert und es ist einfach die erste Möglichkeit, hinter Mont-Louis von der *D118* rechts abzubiegen. Auf dem Pass steht eine große, gemütliche Hütte mit Restaurant und Bar, bequeme Liegestühle laden zum Sonnenbaden und es gibt eine große Verleihstation für Mountain-Bikes und Fat-Bikes. Letztere sind Mountain-Bikes mit extrem dicken Reifen, die jede Menge Spaß auf dem Bike versprechen. Selbst jetzt am frühen Vormittag sind schon

Col de la Llose: höchst unbekannt, höchst schön.

Immer gerne – Pause fürs Panorama.

Idylle pur zwischen dem Col de Creu und dem Col de la Llose.

viele Besucher am Col und genießen ihr zweites Frühstück.

Spaß auf dem Bike

Spaß auf dem Bike haben wir auch – allerdings weniger anstrengend, da motorisiert. Ich lenke die BMW auf allerkleinsten Bergstraßen durch ein wildes Kurvengewurstel. Kreuz und quer, rauf und runter geht es durch den *Parc Naturel Régional des Pyrénées Catalanes*. Auf schmalem Asphalt rollen wir durch dichte Kiefernwälder, zwischen denen sich immer wieder Lichtungen mit fantastischen Ausblicken auf die umliegende Bergwelt auftun. Es riecht nach Wald, und wie ein Stroboskop blitzt die Sonne zwischen den ausladenden Ästen der Nadelbäume hindurch. Unter Einheimischen ist diese Region auch als *Little Canada* bekannt, was schon einiges über die herrliche Landschaft aussagt.

Der *Col de Creu* steht im krassen Gegensatz zum *Col de la Llose*. Hier ist es absolut ruhig, weit und breit kein Mensch. An einer großen Infotafel, die über Flora, Fauna und unzählige Wandermöglichkeiten informiert,

Top-Service: Infotafel mitten im Wald

Station d'Ascou-Pailhères
Grottes de l'Aguzou
Château de Usson
Usson
Mijanès
Port de Pailhères 2001
Montmija
Artigues
le Puch
Carcanières
Église de Quèrigut
Quèrigut
Escouloubre
Roquefort-de-Sault
le Bousquet
Campagna-de-Sault
la Fajolle
Pic de Serembarre 1851
Pic du Ginesta 1974
Pic de Tarbesou 2364
Orlu
Dent d'Orlu 2222
Pic de Balbonne 2305
le Roc Blanc 2542
Pics de Roque Rouge 2321
Lac de Naguilles
Sarrat des Esclots 2072
Pic de Terres 2549
Pic de la Tribune 2498
Pic du Carcanet 1946
Forêt de Lapazeui
Madres 2471
Aude
Arguette
Rieutort
Station de Puyvalador
D 118
Odeillo
Fontrabiouse
Espousouille
Réal
Pic d'Etg. Faury 2702
Pic Peric 2810
MIDI-PYRÉNÉES
LANGUEDOC-ROUSSILLON
Formiguères
Villeneuve
Sansa
Puig d'Escoutou 2293
Pic de la Palme 2474
Matemale
Railleu
Pic du Bastard 2095
Caudiès-de-Conflent
Ayguatébia-Talau
Talau
le Capcir
Erg de Lanoux
Lac des Bouillouses
Pic Carlit 2921
Roc d'Aude 2377
les Angles
Lac de Matemale
Aérodrome de Mont-Louis-La Quillanne
Col de la Quillane 1714
Ref. des Bouillouses
Pic Occl. de Col Rouge 2835
Roc de la Calm 2215
Têt
Église de la Llagonne
Cidadelle de Mont-Louis
la Llagonne
Thuès-Entre-Valls
Serrat des Loups 2365
Font-Romeu
Pic des Maurous 2136
Mesclan d'Aygues
D 618
Sauto
Fontpédrouse
Gorges de la Carança
Pic de Mullet 2202
Targasonne
Bolquere
Font-Romeu
Mont-Louis
Pont Gisclard
Odeillo-Via
St-Pierre-dels-Forcats
Planès
Saint-Pierre dels Forcats
Dorres
Angoustrine
Pic de Gal 2634
Pic Redoun 2678
Latour-de-Carol
Villeneuve-des-Escaldes
Estavar
N 116
Eyne
Eyne 2600
Riu Eyne
Ur
Llivia
Ermita de Sant Guillem
Saillagouse
Station de St-Pierre-dels-Forcats
Enveitg
ESPAÑA
FRANCE
Serre des Clots 2484
Err
Pic del Racó Gras 2779
Puigcerdà
Bourg-Madame
Ste-Léocadie
el Segre
Gorges de la Sègre
Nahuja
Pic d'Eina 2786
Pic de Finestrelles 2829
Pic de Noucreus 2799
N-260
Age
Palau-de-Cerdagne
Osseja
Cerdagne
Réserve Naturelle de la Valée d'Eyne
Núria

Col de Creu: Pass-Spaß im Wald.

bleiben wir lange stehen, genießen die Ruhe und Abgeschiedenheit, kein Auto überquert währenddessen den Pass. Steil geht es hinunter in Richtung *Odeillo*, hinaus aus dem Wald und in sanften Schwüngen durch dichte Wiesen. Vorbei am *Lac de Puyvalador Aude* erreichen wir die *D118*, folgen ihr aber nur wenige Meter um gleich darauf links auf die *D16* abzubiegen.

Unsere Muntermacher: schwarzer Kaffee und kühle Orangina.

Die D16, die bald darauf in die *D25* übergeht, gehört für uns persönlich zu den schönsten Straßen der Pyrenäen. Besonders der Streckenabschnitt zwischen *Quérigut* und dem 2 001 Meter hohen *Col de Pailheres* ist ein Traum. Hier wechseln sich steil in die Berghänge gebaute Serpentinen mit weiten Schleifen in einer fantastischen Landschaft ab, weit fällt der Blick über die umliegenden Berge, an deren Flanken selbst jetzt im Juli noch kleine Schneefelder in der Sonne leuchten. Mehr als einmal bleiben wir stehen, genießen die tollen Aussichten und staunen über das grandiose Bergpanorama.

Oben auf dem *Col de Pailheres* angekommen, ist erstmal Umsicht angesagt. Auf dem dritthöchsten Pass der französischen Pyrenäen und regelmäßigem Ziel der Tour de France tummeln sich jede Menge Pferde. Die mächtigen Kaltblüter sind sich ganz offenbar ihrer Präsenz mehr als bewusst. Entspannt liegen sie in der Sonne mitten auf dem Asphalt, schlendern in aller Seelenruhe auf der Straße hin und her und stecken ihre Nüstern neugierig in die Fenster und Türen der ankommenden Autos. Auf Hupen oder Gesten reagieren die Vierbeiner überhaupt nicht, hier wird mal richtig Gelassenheit zur Schau getragen. Im Slalomkurs umrunde ich die tierischen Verkehrshindernisse und stürze die steile Westrampe des Cols hinunter. Nur zwei, drei Kilometer hinter der Passhöhe liegt rechterhand ein Bauernhof. Die einladend in der Sonne stehenden Tische und Stühle sowie die Beschilderung versprechen eine erholsame Pause. Schon sind wir überzeugt, lassen die GS ausrollen und erfrischen uns mit einer eiskalten Orangina und einem starken und heißen Café noir.

Prima Strecken hinter …

Solchermaßen gestärkt steht auch den weiteren Serpentinen und Kurven zu Füßen des über 2360 Meter hohen *Pic de Tarbezou* nichts im Wege.

Tour de France

Die führen uns schließlich nach *Axles-Therme*. Das beliebte Thermalbad hat zwar keine 1500 Einwohner, dennoch ist hier stets einiges los. In den Straßencafés lässt es sich prima rela-

… und vor dem Col de Pailheres.

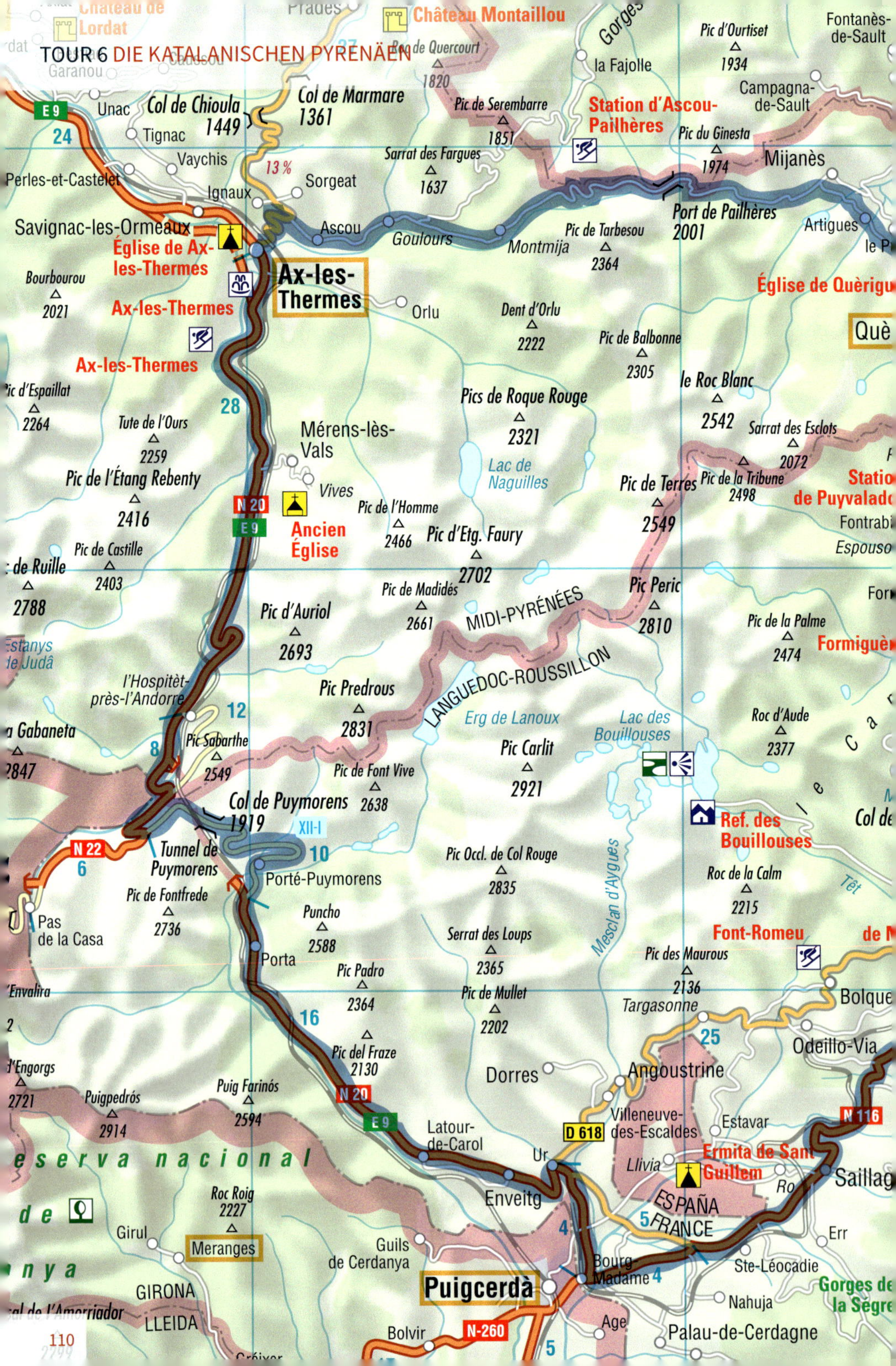
Château de Lordat
Prades
Château Montaillou
Gorges
Fontanès-de-Sault
Pic d'Ourtiset
1934
Roc de Quercourt
1820
la Fajolle
Campagna-de-Sault
Garanou
E 9
24
Unac
Col de Chioula
1449
Col de Marmare
1361
Pic de Serembarre
1851
Station d'Ascou-Pailhères
Pic du Ginesta
1974
Tignac
Sarrat des Fargues
1637
Mijanès
Vaychis
13 %
Sorgeat
Perles-et-Castelet
Ignaux
Port de Pailhères
2001
Artigues
Savignac-les-Ormeaux
Ascou
Goulours
Montmija
Pic de Tarbesou
2364
Église de Ax-les-Thermes
Ax-les-Thermes
Bourbourou
2021
Orlu
Église de Quèrigu
Dent d'Orlu
2222
Pic de Balbonne
2305
Ax-les-Thermes
Ax-les-Thermes
Pic d'Espaillat
2264
28
Pics de Roque Rouge
2321
le Roc Blanc
2542
Sarrat des Esclots
2072
Tute de l'Ours
2259
Mérens-lès-Vals
Lac de Naguilles
Pic de la Tribune
2498
Pic de l'Étang Rebenty
2416
Vives
Pic de Terres
2549
Station de Puyvalado
N 20
E 9
Pic de l'Homme
2466
Ancien Église
Pic d'Etg. Faury
2702
Fontrabi
Espouso
Pic de Castille
2403
de Ruille
2788
Pic de Madidés
2661
Pic Peric
2810
MIDI-PYRÉNÉES
Pic d'Auriol
2693
Pic de la Palme
2474
Estanys de Judà
Formiguè
LANGUEDOC-ROUSSILLON
l'Hospitèt-près-l'Andorre
Pic Predrous
2831
12
Erg de Lanoux
Lac des Bouillouses
Roc d'Aude
2377
Gabaneta
2847
8
Pic Sabarthe
2549
Pic Carlit
2921
Pic de Font Vive
2638
Col de Puymorens
1919
XII-I
Ref. des Bouillouses
Col de
N 22
6
Tunnel de Puymorens
10
Porté-Puymorens
Pic Occl. de Col Rouge
2835
Mesclan d'Aygues
Roc de la Calm
2215
Têt
Pic de Fontfrede
2736
Pas de la Casa
Puncho
2588
Font-Romeu
Porta
Serrat des Loups
2365
Pic des Maurous
2136
Envalira
Pic Padro
2364
Pic de Mullet
2202
Targasonne
Bolque
16
25
Odeillo-Via
Pic del Fraze
2130
d'Engorgs
2721
Dorres
Angoustrine
Puigpedrós
2914
Puig Farinós
2594
N 20
Villeneuve-des-Escaldes
Estavar
N 116
E 9
Latour-de-Carol
D 618
Ermita de Sant Guillem
eserva nacional
Ur
Llívia
Saillag
de
Enveitg
ESPAÑA
Roc Roig
2227
5
FRANCE
4
Err
Girul
Meranges
Guils de Cerdanya
nya
Bourg Madame
4
Ste-Léocadie
Gorges de la Sègre
GIRONA
Puigcerdà
Nahuja
LLEIDA
Age
Palau-de-Cerdagne
Bolvir
N-260
5

Zona roja: der Rotlicht-Bezirk.

xen und auf den Stufen des frei zugänglichen Thermalbeckens in der Ortsmitte sitzen oft viele Touristen und Einheimische und lassen Füße und Beine ins Wasser hängen. Das empfiehlt sich übrigens auch für ermattete Motorradfahrer-Beine. Ax-les-Therme protzt mit nicht weniger als drei Kurhäusern und dem *Bains de Couloubret*, einem im Stil des antiken Roms gestalteten Bad. Schon mehrfach war das 720 Meter hoch liegende Ax-les-Therme auch schon Start- und Ziel-Ort diverser Tour de France-Etappen.

Schwünge und Kehren

Kiki und ich verzichten heute auf den Badespaß, lassen uns statt dessen in der Crêperie gleich vor dem Spielcasino ein paar leckere Crêpes servieren. Während die beste Sozia der Welt einem Nutella-Crêpe frönt, ordere ich die beliebte Crêpe-Suzette-Variante mit herber Orangenmarmelade.

Ax-les-Thermes entlässt uns in südlicher Richtung über die nicht wenig befahrene, aber dennoch interessante *N20*. In erst weiten Schwüngen, dann in knackigen Kehren geht es hinauf auf den *Col de Puymorens*. Der lässt sich zwar auch durch den Tunnel von Puymorens komplett umgehen, das ist aber für Motorradfahrer natürlich kei-

Bloß nicht dehydrieren.

Alte, steinerne Brücke über die Ariège.

ne Alternative. Ein kurzes Stück führt die Passstraße direkt an der Grenze zu *Andorra* entlang, dann zweigt sie in östlicher Richtung ab und erreicht schließlich wieder den Parc Naturel Régional des Pyrénées Catalanes. Auf der Südrampe des Col de Puymorens geht es in spektakulären Kurven hinunter in das Tal des Flüsschens *Le Carol*. Dem folgt die weniger spektakuläre, aber dennoch schön zu befahrene N20. Entspannt rollen wir die letzten 15 Kilometer dieser Tour bis Bourg-Madame.

Der historisch bedeutsame Ort liegt direkt am Rand des Naturparks und an der Grenze zu Spanien. Gleich zwei tausendjährige Kirchen stehen in Bourg-Madame und schon vor knapp 900 Jahren wurde hier die erste Festung errichtet, um die Region zu sichern. Damals hieß der Grenzort noch Hix, er wurde erst 1815 zu Ehren der Tochter König Ludwig XVI. und Marie Antoinettes in Bourg-Madame umbenannt. Übrigens ist der Ort auch Station des in diesem Buch bereits vorgestellten Pyrenäenzuges Petit train jaune *(siehe Seite 34)*, dessen Zugfahrt einfach ein Muss eines jeden Pyrenäenurlaubs ist. ◀

AUTOREN-TIPP

DIE FESTUNGSSTADT MONT-LOUIS In der höchst gelegenen Festungsstadt Frankreichs – in Mont-Louis – errichtete der geniale Baumeister Vauban vor gut 330 Jahren eine mächtige Zitadelle. Heute gehört die Festungsstadt Mont-Louis als Teil der Befestigungsanlagen Vaubans zum Weltkulturerbe der UNESCO. In den Gassen innerhalb der Festung gibt es vieles zu entdecken. Das Touristenbüro in der Rue Lieutenant Pruneta Nummer 3 informiert ausführlich über einen spannenden Rundgang durch die Festung und durch das direkt daneben liegende Dorf (42.508138, 2.122683).

INFOS ZUR TOUR

CHARAKTERISTIK

Diese Tour ist bezüglich der Länge durchaus überschaubar. Das ist aber auch gut so. Zumindest für diejenigen Motorradreisenden, die Natur und Region genießen wollen. Die fantastische Landschaft sollte mit Muße und Genuss durchquert werden. Die fahrerischen Ansprüche halten sich in Grenzen. Zwar gibt es eine ganze Reihe Kehren, die sind aber durchweg moderat in ihrer Führung. Lediglich die waldreichen Gebiete des Naturparks nördlich von Mont-Louis erfordern vor allem im Herbst mehr Aufmerksamkeit. Dann liegt reichlich Laub auf dem Asphalt.

PÄSSE

Col de la Llose (1860 m), Col de Pailheres (2 001 m), Col de Puymorens (1920 m)

ÜBERNACHTUNG

Camping Mas Piques

Rue du Train Jaune, F-66760 Bourg-Madame

Ansprechender Campingplatz, der auch verschiedene, sehr nette Mobilheime vermietet.

www.campingmaspiques.com

GPS 42.438413, 1.943951

Pierre & Vacances Pyrenees

2000 Le Séquoia, 22 Avenue Du Serrat De L'ours, F-66210 Mont-Louis

Gute Lage, überdachte Plätze, ansprechende Studios und Appartements für zwei bis sechs Personen mit gutem Preis- und Leistungsverhältnis.

www.pierreetvacances.com

GPS 42.520129, 2.059593

KOMBINATIONSMÖGLICHKEITEN

Wem die Strecke nicht ausreicht, der erweitert die Runde zu einer Acht und fährt einen großen Bogen über das nördlich gelegen Quillan oder quer durch die kleinen Nebenstrecken zwischen dem Col de Pailhères und Quillan. Aber nicht verschätzen, dann wird die Runde schon mal richtig groß.

Canyon, Küste und Kastelle

Das französische Département Aude ist noch relativ unbekannt. Das dürfte sich nach dieser Tour ändern. Nach dem Start in der unvergleichlichen Festungsstadt Carcassone, geht es durch die abwechslungsreiche Landschaft immer weiter auf die Höhenzüge der Pyrenäen zu. Historische Burgruinen, aussichtsreiche Berggipfel und der malerische Ausklang im schönen Badeort Collioure machen diese Tour zu einem echten Erlebnis.

Spannende Strecken durch den Fels der Gorges de Galamus.

TOUREN-STECKBRIEF

ROUTE

Carcassone (43.205931, 2.362125)
Collioure (42.526313, 3.083002)

LÄNGE DER TOUR

ca. 255 km

DAUER DER TOUR

7-8 Stunden

ROADBOOK

Carcassone, Couiza, Col du Lings, Cubières-sur-Cinoble, Gorges de Galamus, Eremitage de Saint-Antoine, Château de Peyrepertuse, Padern, Tuchan, Château d'Agiular, Forca Réal, Ille-sur-Têt, Castelnou, Thuir, Elne, Argelès-sur-Mer, Collioure

HIGHLIGHTS

Eines der Highlights dieser Tour ist ganz sicher die Gorges de Galamus. Die faszinierende Schlucht überzeugt durch interessante Streckenführung und tolle Natur (42.844904, 2.478518).

Der Forca Réal erlaubt einen grandiosen Blick auf die Gipfel der Pyrenäen und das Umland, die Auffahrt ist spannend (42.726978, 2.700224).

Castelnou ist das schönste Dorf dieser Tour und unbedingt einen kleinen Fußweg wert (2.620250, 2.702906).

Narbonne
Coursan
Lézignan-Corbières
Capendu
Ornaisons
Fleury d'Aude
Gruissan
Gruissan-Plage
Narbonne-Plage
Peyriac-de-Mer
Sigean
Port-la-Nouvelle
La Palme
Leucate
Étang de Leucate ou de Salses
Tuchan
Rivesaltes
Perpignan
Canet-en-Roussillon
Thuir
Ille-sur-Têt
Vinça
Elne
Argelès-sur-Mer
Collioure
Port-Vendres
Céret
Amélie-les-Bains Palalda
Le Boulou
Estagel
Lagrasse
St-Laurent-de-la-Cabrerisse
Ferrals-les-Corbières
Fabrezan
St-Paul-de-Fenouillet
Massif de Fontfroide
Montagne d'Alaric
Corbières
Sierra de l'Albera
Côte

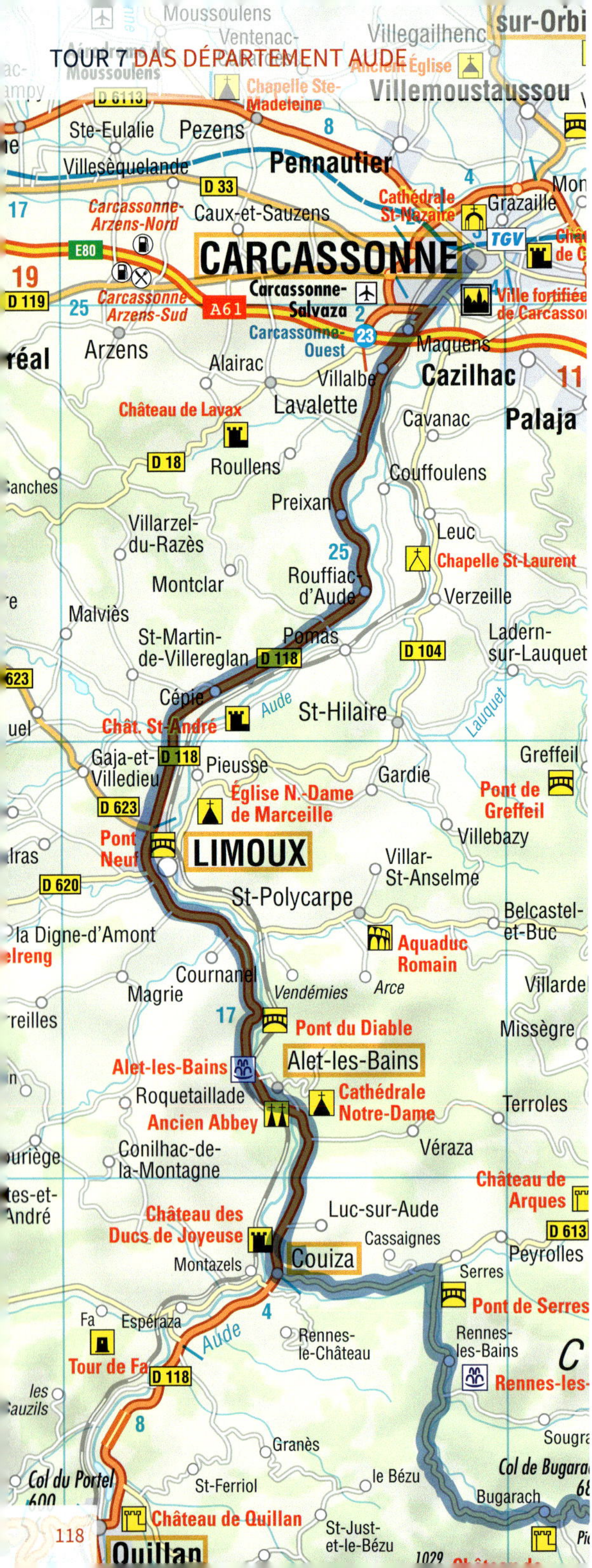

Superlative sind so eine Sache. Das Wort „einmalig“ gehört dazu. Oft wird es gebraucht, wo etwas wirklich beeindruckend ist. Dass es das Betreffende dennoch mehrfach gibt, lässt man schon mal außer Betracht. Bei *Carcassone* ist das anders. Carcassone ist tatsächlich einmalig. Die riesige mittelalterliche Festungsanlage, auf einem Felsplateau gelegen, ist nicht nur ihrer Größe wegen, sondern auch auf Grund ihres Zustandes einzigartig in der Welt. Eine gewaltige doppelte Stadtmauer umgibt die befestigte Altstadt, in der noch ein Château und die Basilika liegen. Die zum Weltkulturerbe der UNESCO zählende Cité de Carcassonne über dem Fluss *Aude* zählt nicht umsonst zu den am häufigsten besuchten Reisezielen Frankreichs.

Gestern hatten wir hier unsere Anreise in die Pyrenäen beendet, in der Unterstadt gleich außerhalb der gewaltigen Stadtmauern eine Unterkunft gefunden und den Rest des Tages damit verbracht, Carcassone ausgiebig zu erkunden. Wir bummelten durch

die kopfsteingepflasterten Gassen, erkundeten die interessanten Läden, relaxten unter schattigen Bäumen in gemütlichen Straßencafés und staunten über die wehrhaften Stadtmauern und Türme. Tage könnten wir hier zubringen. Unser Ziel sind aber die Pyrenäen, beziehungsweise das Vorgebirge des Département Aude, welches im Süden mit seiner herrlichen Landschaft direkt in die *Pyrénées-Orientales* übergeht.

Verwunschene Orte

So verlassen wir Carcassone gleich nach dem Frühstück und folgen dem Fluss Aude durch die gleichnamige Region. Entspannt führt uns die *D118* gen Süden. Linkerhand blitzt das Wasser durch schattenspendende Bäume, der Duft frisch gemähten Heus liegt in der Luft. Wir passieren kleine, verwunschen wirkende Örtchen, die nur aus wenigen Häusern bestehen und erreichen schließlich *Couiza*. In der Boulangerie besorgen wir uns frisches Baguette, im Laden gleich daneben versorgen wir uns mit Getränken und ein paar lokalen Spezialitäten. Dann lassen wir die gut ausgebaute Land-

Die Cité von Carcassonne ist eine mächtige Festung (oben), in der man auch leckere Schokolade kaufen kann (links).

AUTOREN-TIPP

ILLE-SUR-TÊT ist durch seine spektakulären, fünf Millionen Jahre alten Gesteinsformationen bekannt. Das Flüsschen Têt baute einst ein großes Plateau auf, das im späteren Verlauf durch Erosion ausgewaschen wurde. Stehen blieben die markanten Felsnadeln. Auf einem Rundgang durch die Formationen stößt man immer wieder auf neue, faszinierende Anblicke. Da bei jedem Regenschauer erneut Teile des Sandsteins gelöst werden, ist der weitere Verfall der „Orgelpfeifen", wie die Felsen auch genannt werden, unvermeidlich (42.683892, 2.615095).

Unweit der Gorges de Galamus lockt dieser tolle Aussichtspunkt.

straße hinter uns und tauchen in die Nebenstrecken des Aude ein, die ordentlich Motorradspaß versprechen.

Vorbei an *Couizas Château* biegen wir auf die *D14* ab, die uns gleich kurvenreich auf den *Col du Lings* führt. Hier und da hängen die noch die letzten Fetzen des Frühnebels im Tal und der Asphalt ist noch nass vom Tau und Nebel der Nacht. Wir sind ganz alleine unterwegs auf dieser herrlichen Strecke und genießen jede Kurve und jede Schräglage nach der gestrigen langen Anfahrt über schnur-

gerade Fernstraßen. Bei *Cubières-sur-Cinoble* locken uns die Schilder in die *Gorges de Galamus*. Die beeindruckende Schlucht ist nicht nur das Ziel zahlreicher Wanderer, hier starten auch spannende Canyoning-Touren. Und natürlich ist die schmale Felspassage auch mit dem Motorrad ein Genuss. Gut beraten ist auf jeden Fall, wer sie am frühen Vormittag oder am späten Abend passiert. Tagsüber kann es hier richtig eng werden, vor allem, wenn im Ferienmonat August der eine oder andere unerfahrene Wohnmobilfahrer sein Gefährt an die Felsen setzt. Gleich am Ende der Schlucht liegt die sehenswerte Eremitage de Saint-Antoine in einer Felswand. Eine gute Gelegenheit, die steifen Motorradfahrer-Beine etwas zu bewegen.

Zurück auf der D14 wartet schon bald das nächste Highlight auf uns: das

Einsam geht's in den Corbieren zu.

Château de Peyrepertuse. Eine steile, extrem geschwungene Auffahrt führt hinauf auf die größte der Katharer-Festungen der Region. Auch wenn nur noch die Ruine der einstigen Burg erhalten ist, sie beeindruckt dennoch und der Ausblick auf die umliegende Landschaft ist einfach fantastisch. Über Padern nehmen wir weiter Kurs Richtung Osten und treffen bei *Tuchan*

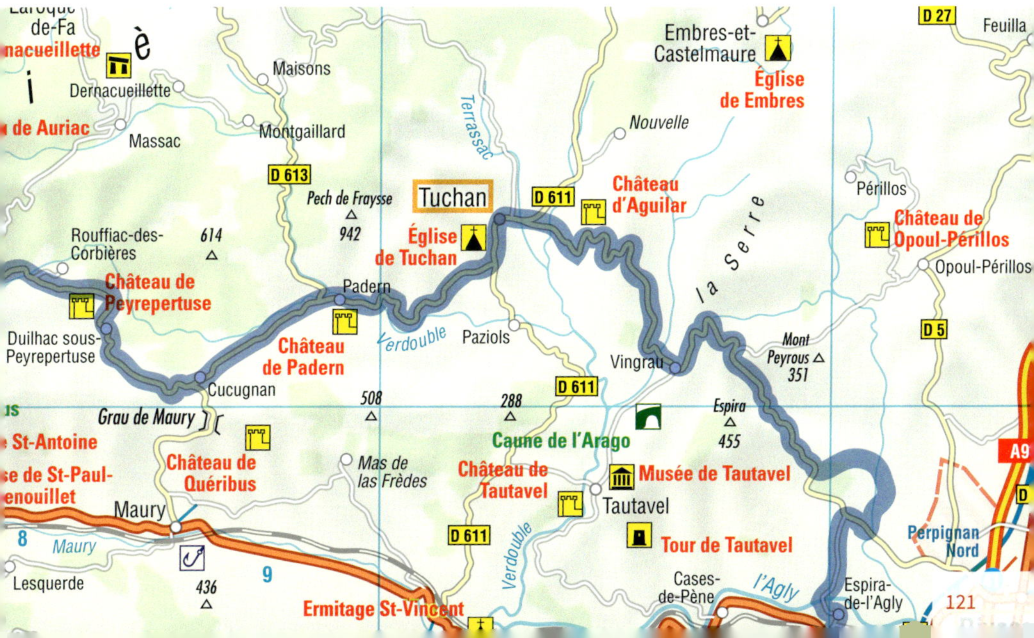

Im Bergland westlich von Perpignan liegen urige Bergdörfer …

schon wieder auf die nächste Katharerburg, auf das Château d'Agiular. Weithin sichtbar thront sie auf einem Felshügel und gehörte einst, wie auch Peyrepertuse, zu den „Fünf Söhnen von Carcassone": einer Festungslinie, die die damalige Grenze Frankreichs nach Aragon im Süden sicherte. Als 1659 der sogenannte Pyrenäenfrieden geschlossen wurde und die Grenze zwischen Frankreich und Spanien auf den Pyrenäenkamm verlegt wurde, verloren die Burgen ihre wichtige Bedeutung.

Blick in die Ferne

Schnurstracks steuern wir jetzt auf die am Horizont auftauchenden Pyrenäengipfel zu, die jetzt, im April, noch schneebedeckt in den Himmel ragen. Den besten und beeindruckendsten Blick auf die Bergkette bietet der *Forca Réal*. Zwar ist der markante Berggipfel nur gute 500 Meter hoch, er ragt jedoch ganz alleine aus dem eher flachen Umland empor und wirkt damit schon sehr imposant. Die schmale, aber gut asphaltierte Auffahrt ist ein Muss. Die

… und fantastische Bergstrecken.

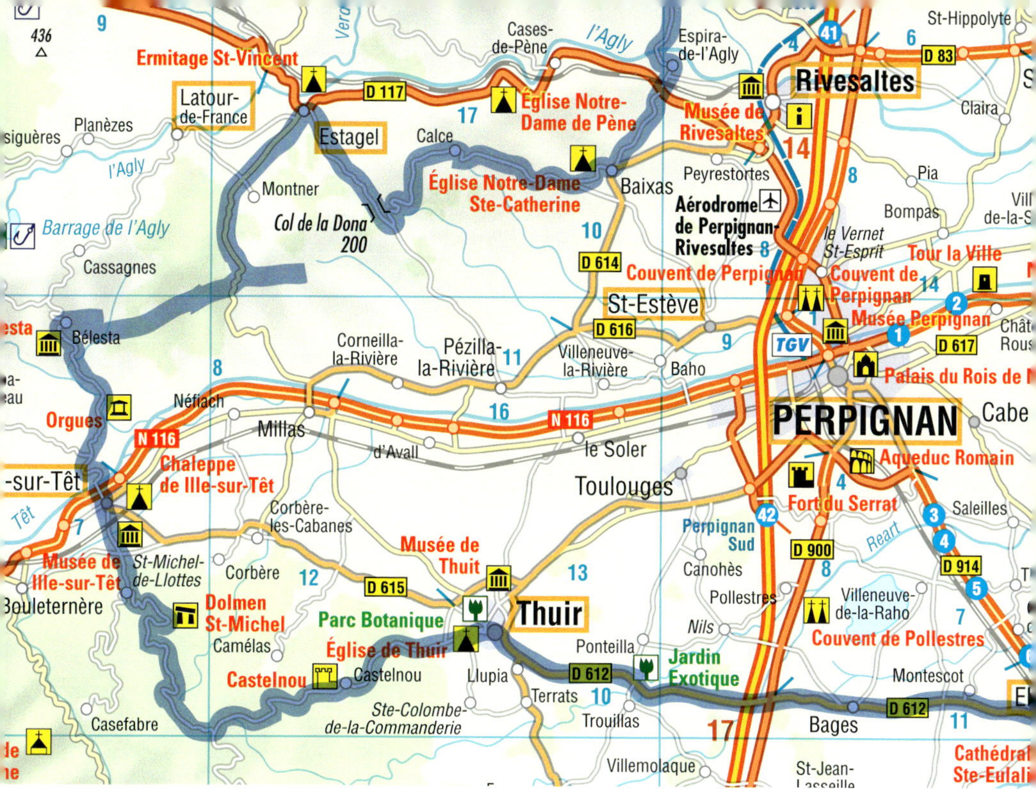

Sicht zur Seite während der Fahrt hinauf wirkt wie der Blick aus einem startenden Flugzeug. Immer kleiner wird die unter uns liegende Landschaft, immer grandioser der Blick in die Ferne. Einst krönte eine Festung den Gipfel des Força Réal, die ist heute längst geschliffen. Aus ihren Steinen wurde um das Jahr 1700 herum eine Eremitage errichtet, die auch heute noch das Ziel einer jährlichen Prozession ist. Ich lasse die BMW direkt am höchsten Punkt ausrollen und lange genießen Kiki und ich das tolle Panorama.

In die Bergwelt

Zurück in der Ebene lässt das nächste Highlight nicht lange auf sich warten. Gerade mal 15 kurvenreiche Kilometer entfernt liegt *Ille-sur-Têt* mit seinen Orgelpfeifen. Dabei handelt es sich nicht etwa um ein kirchliches Musikinstrument, sondern um eine

Edle Tropfen reifen in der Region.

Bei Tuchan ragt das Château d'Aguilar in den Himmel.

rund fünf Millionen Jahre alte Felsformation, die ***Orgues***. Die riesigen Felsnadeln sind die Überreste eines Plateaus und durch stete Erosion aus dem Material herausgewaschen. Wer sich ein wenig für das Thema und die spannenden Felsformationen interessiert, kann bei einer kurzen Wanderung über die angelegten Wege eine Menge über deren Entstehung erfahren.

Langsam aber stetig geht es vom sanft bergigen Aude höher in die Bergwelt der Pyrenäen. Die Anstiege werden steiler, die Straßen noch kurviger. Und bald wartet die touristisch hochinteressante Region schon mit ihrer nächsten Überraschung auf: dem Bergdorf ***Castelnou***. Das mittelalterlich wirkende Dorf teilt sich eine Bergkuppe mit dem restaurierten Château Vicomtal und wurde nicht umsonst in die Vereinigung der „Plus beaux villages de France" aufgenommen, in der sich die schönsten Dörfer Frankreichs zusammenschließen. Natürlich lassen wir es uns nicht nehmen, eine Runde durch den bildschönen Dorfkern und die Burg zu schlendern. In einem der netten Cafés setzen wir uns auf die Außenterrasse und genießen bei einem leckeren Café au lait die Aussicht und lassen uns die wärmende Frühlingssonne ins Gesicht scheinen.

Castelnou ist der ideale Einstieg in die faszinierende Bergwelt der Pyrenäen. Im seinem Südwesten liegt das

Zu Füßen der gewaltigen Pyrenäenkette.

Bei den **Orgues** von Ille-sur-Têt.

mächtige Massif du Canigou, das mit seinem 2785 Meter hohen *Pic du Canigou* einen der markantesten Gipfel der Pyrenäen bildet. Ab hier beginnen die Routen zu den beeindruckendsten Pyrenäen-Pässen. Kiki und ich haben uns jedoch entschlossen, wenigstens noch einmal hinunter an die *Côte Vermeille* zu fahren, an den südlichsten Abschnitt der französischen Mittelmeerküste. Die interessante Felsküste erstreckt sich von *Argelès-sur-Mer* im Norden bis an die spanische Grenze.

Es geht ans Meer

Durch das relativ flache Pyrenäenvorland steuere ich unsere BMW in Richtung Meer. Via *Thuir* und *Elne* rollen

Unseren Dank an die fleißigen Straßenbauer.

wir bald nach Argelès-sur-Mer hinein. Welch ein Unterschied zur Ruhe und Abgeschiedenheit der kleinen Dörfer, die verstreut in den Bergen hinter uns liegen. Hier in *Argelès* und dem dazu gehörenden Badeort *Argelès-Plage* ist auch jetzt im April schon mächtig viel los. Viele Urlauber nutzen das milde Klima des Mittelmeers für den ersten Badeurlaub des Jahres. Die Strände sind schon gut frequentiert und in den Restaurants und Cafés herrscht rund um Ostern bereits Hochbetrieb.

Belohnung zum Tourende: die Côte Vermeille.

Entspannung pur

Etwas ruhiger wird es wieder südlich von Argelès. Die Küstenstraße in Richtung Spanien führt uns nach Collioure, unserem Ziel. Das alte Fischerdorf glänzt mit seinen beiden Badestränden direkt an der Altstadt, über die eine Burg und eine alte, befestigte Wehrkirche wachen. Das bildschöne Städtchen inspirierte schon die alten Meister, unter ihnen Henri Matisse und Pablo Picasso, die hier so manches Werk auf Leinwand schufen. Für uns bedeutet Collioure Entspannung pur, eine Unterkunft für eine Nacht ist wie immer schnell gefunden und den Rest des Tages lassen wir hier relaxt ausklingen und schmieden Pläne für morgen, wenn es dann hoch in die spannenden Pässe der Pyrenäen geht. ◀

INFOS ZUR TOUR

CHARAKTERISTIK

Tour 7 bedeutet entspanntes Cruisen. Reich an touristischen Highlights, ist der rein fahrerische Anspruch eher nicht so groß. Statt herausfordernden Serpentinen stehen interessante Schluchten und landschaftliche Höhepunkte auf dem Programm. Diese Tour ist ideal für den ersten Tag eines spannenden Pyrenäen-Urlaubs, quasi zur Einstimmung. Auf dem Streckenabschnitt entlang der Küste lassen sich herrliche Badeplätze finden .

ÜBERNACHTUNG

Hotel Restaurant La Frégate

24 Avenue Camille Pelletan, F-66190 Collioure
Die perfekte Lage für Nachtschwärmer mitten in Collioure, tolle Außenterrasse unter Platanen.
www.fregate-collioure.com
GPS 42.526369, 3.083260

Maison Las Clauzes

Avenue Henri Bataille, F-11700 Moux
Treffpunkt und Stützpunkt für Motorradfahrer, ganz toller und perfekter Service.
www.las-clauzes.de
GPS 43.184315, 2.642509

Villa du Parc

49, route de Ria, F-66500 Prades
Tolles Haus für Motorradfahrer, es gibt prima Tipps und man fühlt sich einfach wohl.
www.villa-du-parc.com
GPS 42.614092, 2.412861

KOMBINATIONSMÖGLICHKEITEN

Wer die Tour noch etwas verlängern möchte, dreht ab Ille-sur-Têt eine Runde durch das Massif du Canigou oder hängt ganz am Ende die grandiose Küstenstraße bis zur spanischen Grenze dran.

Hoch **hinaus**

Es geht hoch hinaus auf dieser Route. Mit der faszinierenden Strecke zwischen dem Col du Soulor und dem grandiosen Col d'Aubisque befahren wir eine der schönsten Pyrenäenstraßen. Aber auch die anderen Pässe und Täler dieser Route überzeugen mit mächtigem Fahrspaß und toller Natur. Hier geht es im wahrsten Sinne des Wortes rund.

Am Col d'Aubisque – für uns eine der schönsten Pyrenäenstrecken.

TOUREN-STECKBRIEF

BASISORT

Argelès-Gazost (43.005841, -0.100614)

LÄNGE DER TOUR

ca. 265 km

DAUER DER TOUR

7-8 Stunden

ROADBOOK

Argelès-Gazost, Arrens, Col du Soulor, Col d'Aubisque, Hôtel des Crêtes Blanches, Gourette, Eaux-Bonnes, Laruns, Col du Pourtalet, Bielle, Plateau de Bénou, Col de Marie-Blanque, Escot, Col d'Ichere, Col de Labays, Pas de Guilhers, Col de la Pierre St. Martin, Bois du Bager, Gorges du Ponte-Germe, Ferrières, Col du Soulor, Argelès-Gazost

HIGHLIGHTS

Die komplette D918 zwischen Argelès-Gazost und Laruns ist ein Traum. Die Krönung jedoch der Abschnitt zwischen dem Col du Soulor und dem Col d'Aubisque. Die 17 Kilometer lange Corniche entlang der Felswand des Cirque du Litor gehört für uns zu den schönsten Strecken in den Pyrenäen (42.954327, -0.288047).

Auch die Strecken vor und hinter dem direkt an der spanischen Grenze liegenden Col de la Pierre St. Martin sind sowohl fahrerisch als auch touristisch einfach grandios. Mehr Fahrspaß geht fast nicht (42.969802, -0.766798).

Mourenx
Monein
Lescar
LONS
BILLERE
PAU
Jurançon
Bizanos
Morlaàs
Gan
Nay
Bénéjacq
Pontacq
LOURDES
ARGELÈS-GAZOST
Arudy
Bielle
Laruns
Eaux-Bonnes
Aucun
Arrens-Marsous
Bedous
Accous
Etsaut
Sarrance
Gabas
Cauterets
Pierrefitte-Nestalas
el Formigal
Sallent de Gállego
Panticosa
Canfranc-Estación
Aérodrome de Pau-Pyrénées
Aérodrome d'Oloron-Herrère
Cathédrale Notre-Dame
Musée de Lescar
Musée des Beaux-Arts
Château de Pau
Parc Beaumont
Pont Vieux
la Cité des Abeilles
Haras National
Tour-y-Croix
Ancienne Abbaye
Parc Aquatique
Tour-de-Grède
Église Ste-Marie
Église Ste-Croix
N.-D. de Piétat
Tour de Pontacq
Dolmen de Barlest
Musée de Lestelle
Église de Bétharram
Jardin Animalier de Cocagne
Église de Lourdes
Zoo Park
Pont de Bétharram
Grottes du Bétharram
Grotte du Loup
Grottes des Sarrazins
Thermale St-Christau
Église de St-Christau
Sévignacq-Meyracq
Dolmen Caillau de-Teberne
Musée Arudy
Cromlechs de lou Couraus
Château de Castet
Église de Bielle
Falaiseaux Vautours
Réserve Naturelle de la Vallée d'Ossau
Tumulus
Défilé d'Escot
Musée de Sarrance
Chapelle de Bedous
Église de Aydius
Chapelle de Jouers
Musée de Accous
Thermale de Laruns
Chapelle d'Assouste
Thermale de Eaux-Bonnes
St. de Gourette
Musée de Aucun
Tour de Vidalos
Argelès-Gazost
Beaucens
Musée de St-Savin
Les Eaux Chaudes
Pont d'Enfer
Station de Val d'Azun
Musée de Etsaut
Gorges du Bitet
le Clos aux Ours
Fort du Portalet
Gorges du Pic d'Enfer
Château Tucoy
Église de Cauterets
Thermale de St-Sauveur
Chapelle de Gabas
Musée de Gabas
Station d'Artouste-Fabrèges
Ref. d'Ayous
Ref. d'Arlet
Pont d'Espagne
Station de Ski Somport
Station de Candanchu
Castellar
Station El Formigal
Parc National des Pyrénées
Reserva nacional de Viñamala
Col d'Aubisque 1709
Col du Soulor 1474
Col du Pourtalet 1795
Col du Somport 1632
Col d'Ichère 674
Pic du Midi d'Ossau 2884
Balaïtous 3144
Vignemale 3298
Grande Fache 3005
Pic de Ger 2613
Pic de Gabizos 2639
Pic Gabiet 2716
Plateau d'Anouilhas
Bois d'Arudy
Bois de Gey
Bois d'Arapoup
Forêt de Très Crouts
Vallée d'Aspe
Sierra de Bernera
Sierra de Aisa
Circo de Aspe
Pico Anayet
Canfranc
Embalse de Búbal
Balneario de Panticosa
AQUITAINE
MIDI-PYRÉNÉES
FRANCE
ESPAÑA
A64
N 134
N 13
D 934
D 918
D 937
D 920
D 921
A-136
N-330

Auf der Auffahrt zum Col du Soulor (oben) und eine einladende Bar in Argelès-Gazost (unten).

Argelès-Gazost ist ein prima Standort, um von hier aus die Hochpyrenäen zu erkunden. Bis zu 600 Meter hoch mitten im *Département Hautes-Pyrénées* gelegen, lockt das gastfreundliche Städtchen mit einem schönen Ortsbild, mit ansprechenden Unterkünften, Bars und Restaurants, netten Geschäften und verwinkelten Gassen. Und natürlich mit fantastischen Routen, die von hier aus durch eine grandiose Landschaft auf die umliegenden Pyrenäenpässe führen, und die gibt es reichlich.

Uns führt die spannende *D918* aus Argelès-Gazost hinaus und stetig und kurvenreich hinauf in Richtung *Col du Soulor*. Über eintausend Höhenmeter gilt es zu überwinden und ich leide förmlich mit, wenn ich daran denke, dass hier regelmäßig die Radler der Tour de France gen Himmel strampeln. Ab *Arrens* legt die Straße nochmal zu, es wird noch steiler und links fällt der Blick weit über das tiefe *Vallée d'Arrens* hinweg auf die schroffen Gipfel des *Parc National des Pyrénées*.

Tolle Berglandschaft

Der *Col du Soulor* ist ein beliebtes Ziel bei Ausflüglern und Wanderern, auf der Außenterrasse des Restaurants sitzen oft viele Besucher. Uns ist es für eine Pause noch zu früh und ich folge den Schildern zum *Col d'Aubisque*. Die folgenden 17 Kilometer gehören zu den schönsten Strecken in den Pyrenäen. Schon im Jahr 1860 von Napoleon III. als Teil der Route *Thermale des Pyrénées* in den Fels geschlagen, führt die als *Corniche* bezeichnete Passstraße entlang der Felswand des *Cirque du Litor* und lässt den Blick frei auf eine fantastische Berglandschaft. In unzähligen Windungen schmiegt sich der Asphalt an den Hang, führt durch grauen Fels und dichtes Grün. Trotz des unvergleichlichen Panoramas sollte man den Blick jedoch nicht zu sehr abschweifen lassen. Die zum Teil ungesicherten Abhänge neben der Straße führen viele, viele Meter in die Tiefe. Zudem kommt es auf dem Asphalt schon mal zu unerwarteten Begegnungen. So kommen uns irgendwo auf der

Glückliche Kuh im Grün der Pyrenäen.

Passstraße drei Pferde entgegen. Neugierig trabt eines der drei mal direkt auf uns zu als ich stehen bleibe und versucht, ein kleines Stück unserer Hand-

XXL-Räder am Col d'Aubisque.

protektoren abzubeißen. Entweder schmeckt es nicht oder es ist zu hart, das Teil bleibt heil.

Auf dem *Col d'Aubisque* angekommen, lasse ich die BMW erst mal auf dem großen, gut besuchten Parkplatz ausrollen. Gleich neben der Passhöhe auf 1709 Metern Höhe stehen mehrere Rennräder, jedes fast vier Meter hoch. Die urige Skulptur ist den Teilnehmern der Tour de France gewidmet, die hier regelmäßig richtig leiden.

Als der Col d'Aubisque 1910 erstmalig vom Tross des Rennens überquert wurde, beschimpfte der spätere Sieger Octave Lapize die Organisatoren der Tour lautstark als Mörder.

Die westliche Rampe des Col d'Aubisque ist nicht weniger spektakulär, eher noch ein wenig steiler als die Zufahrt im Osten. Gleich zwei Kilometer hinter dem Pass halten wir schon wieder am Hôtel des Crêtes Blanches, das einen tollen Blick auf das Bergmassiv des über 2600 Meter hohen ***Pic de Ger*** bietet. Über die Skistation Gourette geht es dann in knackigen Kurven hinunter in den Kurort ***Eaux-Bonnes*** und schließlich landen wir in ***Laruns***. Laruns liegt verkehrsgünstig an der ***D934*** und von hier geht es gen Süden wieder hinauf zur spanischen Grenze und dem Grenzpass ***Col du Pourtalet***. Wir entscheiden uns aber für die andere Richtung und rollen entspannt durchs Tal bis ***Bielle***.

Route des Cols

Hier lockt die Ausschilderung zur ***Route des Cols***, was wir uns natürlich nicht zweimal sagen lassen. Also den Blinker links gesetzt und schon geht es hinauf auf das ***Plateau de Bénou***. Die kurvenreiche ***DD294*** führt über die große, weite und offene Hochfläche, die mit dichtem Gras bewachsen und mit kleinem Buschwerk gespickt ist.

Der anschließende 1035 Meter hohe ***Col de Marie-Blanque*** entlässt uns gleich wieder auf eine schmale, gewundene Bergstrecke. Ganz alleine cruisen wir durch die fantastische Bergwelt, mächtige Gipfel ragen rechts und links von uns in den blauen Himmel. Ab und an rolle ich am Straßen-

Einfach legendär: der Col d'Aubisque.

rand aus und wir genießen die vielen tollen Aussichten, lauschen den urigen Klängen weit entfernter Kuhglocken und freuen uns einfach, zur richtigen zeit am richtigen Ort zu sein: einfach perfekt.

Pause am Thermalbad Eaux-Bonnes.

Hinter *Escot* kreuzen wir die nächste Pyrenäenüberquerung. Hier führt die *N134* in Nord-Süd-Richtung über den Pyrenäen-Hauptkamm und den *Col du Somport* hinüber nach Spanien. Überhaupt gibt es durchgehende Strecken über die Pyrenäen nur in dieser Richtung. Wer dem mächtigen Gebirge in Ost-West-Richtung folgen will, muss stets zwischen den einzelnen Routen wechseln. So verlassen auch wir die N134 nach fünf Kilometern schon wieder und steuern nach Westen, auf den *Col d'Ichere* zu. Der obligatorischen Achterbahn gleich, führt die Strecke in abenteuerlicher Weise durch die Berge. Rechts herum, links herum, Kehre folgt auf Kurve, Anstieg auf Gefälle und umgekehrt. Die ***Route des Cols*** macht ihrem Namen alle Ehre – es folgen ***Col de Labays, Pas de Guilhers, Col de la Pierre St. Martin***, alle dicht hintereinander. Ganz in der Nähe des Letzteren, der auch gleich die Grenze nach Spanien markiert, suchen wir uns im Grün einen gemütlichen Platz mit Aussicht – Picknickzeit. Einfach im Gras auf der Picknickdecke liegen, den Wolken zuschauen, dem leisen Rauschen der Blätter im Wind folgen und ein frisches Baguette genießen, das ist für uns Erholung pur.

Mit einer großen Runde um den *Pic d'Igountze* läuten wir den Rückweg in Richtung Osten ein. Die *D 918* führt uns entspannt durch eine Handvoll Bergdörfer zum *Bois du Bager*. Die schmale Bergstraße führt durch dichte Wälder, Taleinschnitte und um felsige Kanten herum und schenkt uns immer neue, herrliche Aussichten über die ganze Region. Über die *Gorges du*

D241: nur eine der vielen Pyrenäen-Achterbahnen.

Obligatorisches Passschild-Kleben.

In Wahrheit waren es viel mehr als nur 8,5 km Kurven.

8,5 km

Ponte-Germe, einem beliebten Wanderrevier, überqueren wir mal wieder eine wichtige Nord-Süd-Verbindung, die D934, und finden uns am Fuß der *Montagne du Rey* wieder. Eher sanft gewellt als steil und bergig, geht es immer weiter gen Osten, bis wir auf das Flüsschen Ouzom stoßen. Das strömt seit Tausenden von Jahren vom *Col d'Aubisque* und vom *Col du Soulor* herunter und hat in beständiger Arbeit ein Tal in die Hänge der Pyrenäen geschmirgelt, das in der Vergangenheit große wirtschaftliche Bedeutung hatte. Schon etwa seit dem Jahr 1500 wurde hier im Tal Eisenerz abgebaut, die

Bergbäche dienen auch der Erfrischung.

Auffahrt zum Col de la Pierre St. Martin.

letzte Mine wurde erst in den 1960er Jahren geschlossen. Heute noch sind die Tunnel und Brücken des Bergbaus als Überreste erkennbar. Sie werden zum Teil als Wanderwege benutzt.

Kernige Schräglagen

Wir folgen dem Tal des *Ouzom* in Richtung Süden. Anfangs noch wenig spektakulär, wird der Anstieg immer steiler, die Kurven und Kehren immer enger und anspruchsvoller. Ab *Ferrières*, einem ehemaligen Zentrum des Eisenerz-Abbaus, geht es dann wieder richtig los mit den kernigen Schräglagen. Zwölf Kilometer purer Kurvenspaß steil bergauf führen über eine faszinierende Strecke auf den *Col du Soulor*. Und wieder überrascht uns die Fauna auf den Pyrenäenpässen. Kurz vor der Passhöhe fangen uns zwei Esel ab, vierbeinige wohlgemerkt. Ein paar Streicheleinheiten und ein paar freundliche Worte, dann trollen sie sich und geben den Weg frei.

Oben auf dem angekommen, stärken wir uns auf der Terrasse des Cafés mit unserem Standard-Programm: Zwei eiskalte Orangina zur Erfrischung und zwei starke, heiße Kaf-

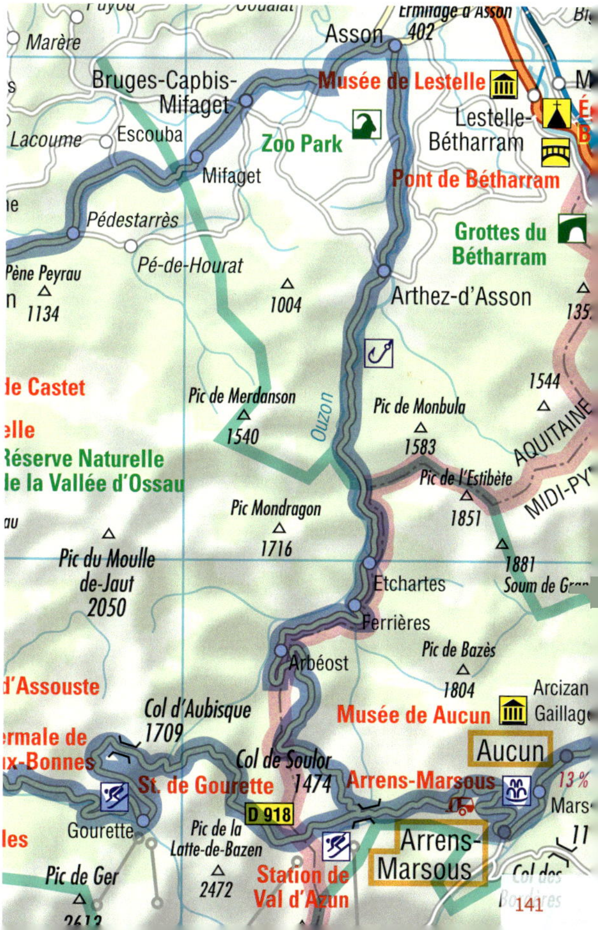

Der Col de la Pierre St. Martin bildet die Grenze zwischen Frankreich und Spanien.

fee zum munter werden. Erst hier oben merken wir auch, wie am späten Nachmittag der Wind zugenommen hat. Eine richtig frische Brise weht ordentlich über die 1474 Meter hohe Passhöhe. Kiki und ich entgehen nur knapp einem Sonnenschirm, der sich im Tiefflug über die Terrasse

davon macht. Der Sprint des Wirtes ist durchaus bemerkenswert, aber ganz schafft er es nicht, den Schirm vor der Straße wieder einzufangen. Was ein Glück, dass die gerade frei ist.

Lange bleiben wir hier sitzen, genießen das Panorama und schauen dem munteren Treiben auf dem Pass zu. Schließlich stürzen wir uns wieder die Ostrampe des Col du Soulor hinunter und erreichen nach zwölf herrlichen Kurven-Kilometern wieder unseren Ausgangsort dieser grandiosen Tour: Argelès-Gazost. ◀

AUTOREN-TIPP

ARGELÈS-GAZOST ist bei Urlaubern verdientermaßen recht beliebt, da das quirlige Zentrum einiges zu bieten hat. Neben den vielen interessanten Läden und den netten Gassen gibt es reichlich Aktivitäten und Veranstaltungen. Das Office de Tourisme liegt an der Terrasse Jacques Chancel am Place de la République, dem großen Platz mitten im Zentrum. Hier gibt es alle Infos, interessante Prospekte und tolle Ideen. Wie wäre es zum Beispiel mal mit einer Kanu- oder Rafting-Tour? Es gibt einige Anbieter rund um den Ort und im Office gibt es alle Informationen dazu. Wer sich länger in Argelès-Gazost aufhalten möchte, findet auch viele Vorschläge für weitere spannende Touren und Ausflüge (43.005841, -0.100614).

INFOS ZUR TOUR

CHARAKTERISTIK

Auch auf dieser Tour ist von allem etwas dabei: Geniale, kurvige Passstraßen, schnelle Abschnitte auf denen man auch schon mal einen höheren Gang einlegen kann und anspruchsvolle, schmale Bergstrecken, auf denen die ganze Aufmerksamkeit gefordert ist. So gesehen – die perfekte Runde.Die Wintersperren der zahlreichen Pässe lassen sich nicht vorhersagen. Entweder es liegt Schnee und die Pässe sind dicht, oder eben nicht. Das variiert kräftig. Aktuelle Infos darüber gibt es auf der Internetseite **www.sport-passion.fr/parcours/etat-cols-pyrenees.php.** Noch ein Hinweis: Auf den Passstraßen der Region können wir nur wärmstens empfehlen, auf Sicht zu fahren.

PÄSSE

Col du Soulor (1474 m), Col d'Aubisque (1709 m), Col du Pourtalet (1794 m), Col de Marie-Blanque (1035 m), Col du Somport (1632 m), Col d'Ichere (674 m), Col de Labays (1351 m), Pas de Guilhers (1436 m), Col de la Pierre St. Martin (1766 m).

ÜBERNACHTUNG

Hotel Villa Bon Repos
13 avenue du stade, F-65400 Argeles-Gazost
Sehr gemütliches Hotel mit Pool im Garten, entspannender Massage, nette Atmosphäre.
www.bonrepos.com
GPS 43.006269, -0.090678

KOMBINATIONSMÖGLICHKEITEN

Für Vielfahrer bietet sich hinter dem Col de la Pierre St. Martin noch ein Abstecher nach Pamplona an. Das werden dann aber schnell reichlich Kilometer. Alternativ ist ein zusätzlicher Ausflug zum Col du Pourtalet südlich von Laruns machbar, was die Strecke aber auch um satte 60 Kilometer verlängert. Kombinieren lässt sich diese Tour prima mit der Tour 9, die ebenfalls in Argelès-Gazost beginnt und in Richtung Osten führt. Die beiden Pässe Col du Somport und Col du Pourtalet führen auf fantastischen Strecken hinüber nach Spanien und eigenen sich daher bestens für eine Pyrenäenüberquerung.

Grenz-erfahrung

Gleich vier mal wechselt diese Route zwischen Frankreich und Spanien hin und her. Von der schroffen Küste der Côte Basque, geht es hoch hinauf auf die Pyrenäengipfel, entlang rauschender Gebirgsbäche durch tiefe Täler und über gut ausgebaute kurvenreiche Landstraßen. Als krönenden Abschluss präsentieren wir gleich zwei grandiose Küstenstraßen an der Küste der Biskaya.

Gipfelstrecke auf dem Pico Gorramakil.

Golfe de Gascogne
Côte Basque
TARNOS
Boucau
ANGLET
BAYONNE
BIARRITZ
St-Martin-de-Seignanx
Ondres
Mouguerre
ST-JEAN-DE-LUZ
Ciboure
Urrugne
HENDAYE
Irún
Ascain
Sare
St-Pée-sur-Nivelle
Ustaritz
Cambo-les-Bains
Haspar
DONOSTIA/SAN SEBASTIÁN
Pasaia
Errenteria
Oiartzun
Lesaka
Bera-Vera-de-Bidasoa
Baztan (Elizondo)
St.-Étienne-de-Baïgorry
Lekunberri (Larraun)
Linzoian
Orreaga / Roncesvalles
Luzaide / Valcarlos
Montes de Bidasoa
Valle de Ulzama
Valle de Anue
Valle de Baztan
FRANCE
ESPAÑA

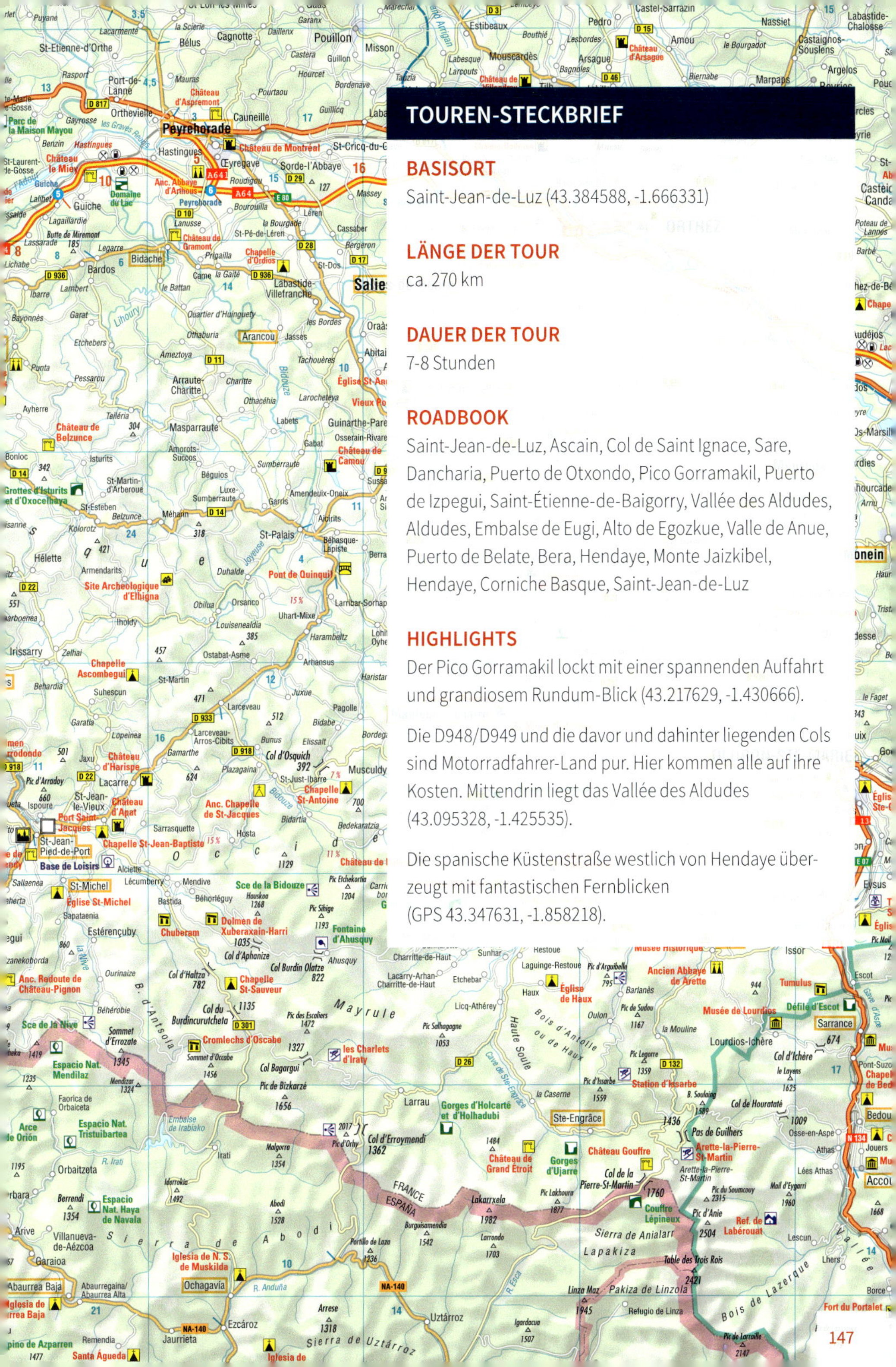

TOUREN-STECKBRIEF

BASISORT

Saint-Jean-de-Luz (43.384588, -1.666331)

LÄNGE DER TOUR

ca. 270 km

DAUER DER TOUR

7-8 Stunden

ROADBOOK

Saint-Jean-de-Luz, Ascain, Col de Saint Ignace, Sare, Dancharia, Puerto de Otxondo, Pico Gorramakil, Puerto de Izpegui, Saint-Étienne-de-Baigorry, Vallée des Aldudes, Aldudes, Embalse de Eugi, Alto de Egozkue, Valle de Anue, Puerto de Belate, Bera, Hendaye, Monte Jaizkibel, Hendaye, Corniche Basque, Saint-Jean-de-Luz

HIGHLIGHTS

Der Pico Gorramakil lockt mit einer spannenden Auffahrt und grandiosem Rundum-Blick (43.217629, -1.430666).

Die D948/D949 und die davor und dahinter liegenden Cols sind Motorradfahrer-Land pur. Hier kommen alle auf ihre Kosten. Mittendrin liegt das Vallée des Aldudes (43.095328, -1.425535).

Die spanische Küstenstraße westlich von Hendaye überzeugt mit fantastischen Fernblicken (GPS 43.347631, -1.858218).

Es ist nur ein Katzensprung vom französischen *Saint-Jean-de-Luz* hinauf in die westlichen Ausläufer der Pyrenäen, die hier an der *Côte Basque* in die *Biskaya* auslaufen. Saint-Jean-de-Luz liegt nur wenige Kilometer vor der Grenze nach Spanien und ist über die aussichtsreiche Küstenstraße *Corniche Basque* mit dem Grenzort *Hendaye* verbunden. Kiki und ich trudelten gestern zu etwas später Stunde in Saint-Jean-de-Luz ein, fanden aber schnell ein gemütliches Dach über dem Kopf und erholten uns im interessanten Zentrum der Hafenstadt von der Anreise. Restaurants, Bars, Cafés. Das Angebot ist groß und auf den schattigen Plätzen rund um den Hafen lässt es sich perfekt relaxen.

Jetzt am frühen Morgen haben wir gerade die Stadtgrenze des Hauptortes des Kantons ***Bayonne*** hinter uns gelassen und folgen den Schildern nach ***Ascain***. Es ist unverkennbar Sonntag. Auch ohne Kalender erkennen wir das schnell an der Zahl der vielen Radsportler, die hinauf in die Berge strampeln. Und nach gerade mal zehn Kilometern haben wir auch schon den ersten Col erreicht. Zwar ist der ***Col de Saint Ignace*** nur 169 Meter hoch, aber die kurvenreiche Strecke zwischen ***Ascain*** und ***Sare*** stimmt dennoch gleich mal auf die vielen Kurven ein, die heute noch vor uns liegen. ***La Route de Cols*** nennt sich die Straße – das klingt vielversprechend.

Über die ***D4*** verlassen wir Sare in Richtung Spanien und nur neun

Saint-Jean-de-Luz ist immer einen Besuch wert.

Die Aussprache der baskischen Pass-Namen bleibt für uns ein echtes Geheimnis

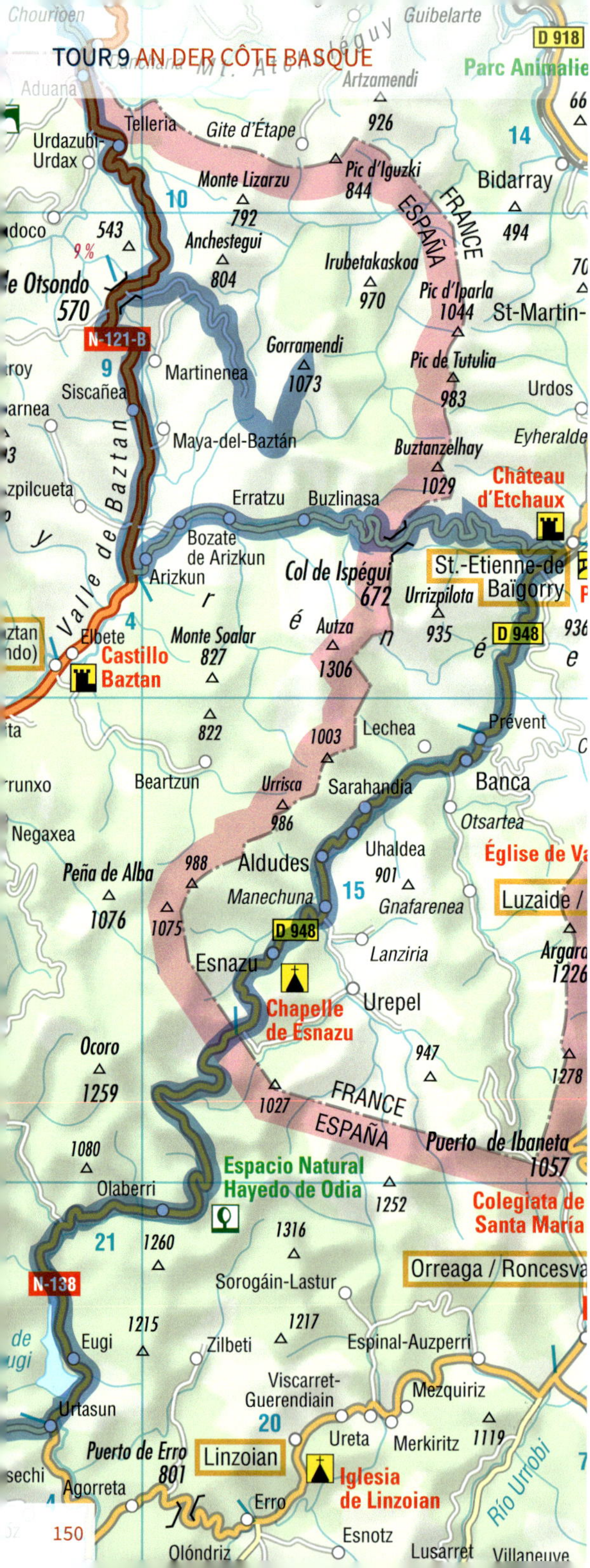

Kilometer weiter erreichen wir bei *Dancharia* schon die Grenze nach Spanien. In Dancharia, in der baskischen Sprache Dantxarinea, wartet der riesige Supermarkt mit Restaurant und Bar auf unzählige Besucher. Und die lassen nicht lange auf sich warten, lässt sich hier dank der Grenze doch preiswerter shoppen als im eigenen Land. Wir lassen den Shop links liegen und folgen der *N-1218* in die spanischen Berge. Langsam, aber stetig windet sich der Asphalt immer höher: Dichte grüne Büsche huschen an uns vorüber, die letzten Nebelschwaden lösen sich vor der Kulisse der grandiosen Pyrenäengipfel auf und frische, würzige Waldluft dringt in den Helm.

Stetig steigt der Asphalt

Am *Puerto de Otxondo*, in 602 Metern Höhe, öffnet sich linkerhand ein großes Tor hinter einem in den Boden eingelassenen mächtigen Gitterrost: die Auffahrt auf den *Pico Gorramakil*. Knapp 15 Kilometer schraubt sich ab hier eine schmale, oft nur einspurige Straße hinauf in die Berge. Das Gitter soll verhindern, dass die hier zahlreich

frei herumstreifenden Pferde, Kühe und Ziegen ausbüxen und auf weite Wanderschaft gehen. Stetig steigt der Asphalt höher, immer weiter fällt der Blick über die weit in der Landschaft verteilt liegenden Berggipfel. Weiße Wolken- und Nebelfetzen stehen über den Tälern, unser Blick fällt auf unendlich scheinende grüne Berghänge auf denen sich Höfe und Weiler breit verstreut verteilen. Mehr als einmal lasse ich die 800er neben der Straße ausrollen und wir lassen die großartigen Panoramen auf uns wirken.

Bald sind wir auf gleicher Höhe mit den mächtigsten Bergen um uns herum. Es empfiehlt sich eine umsichtige Fahrweise. Nicht nur, dass diverse Vierbeiner über den Weg streifen, auch ihre wohlriechenden Hinterlassenschaften nötigen uns zu einem spannenden Slalom. Dabei ist zudem höchste Vorsicht geboten: Leitplanken gibt es nicht und wer nicht aufpasst, findet sich mal schnell viele, viele Meter tiefer am Berghang wieder. Bald haben wir den Gipfel in 1090 Metern Höhe erreicht. Lange sitzen wir hier oben ganz alleine im frischen Wind, lassen die tolle Sicht auf uns wirken und genießen einfach den Augenblick. Nur ein Mountainbiker und zwei Wanderer begegnen uns hier oben.

Der Pico Gorramakil protzt mit einer tollen Landschaft (oben), einer schönen Auffahrt (links) …

…und tierischen Begegnungen.

Fast ohne Gas rollen wir wieder in die Tiefe, lassen den Pico Gorramakil hinter uns und schlagen schließlich wieder den Weg gen Süden ein. Mit dem

Kurvenspaß oberhalb des Vallée des Aldudes.

Der Izpegi liegt ganz in Grenznähe.

672 Meter hohen *Puerto de Izpegui* erreichen wir bald den nächsten Pass, der auch gleich die Grenze nach Frankreich markiert. Auch wenn die absolute Höhe gar nicht so spektakulär klingt, Landschaft und Panoramen sind dennoch grandios. Als ich gerade ein wenig im Tran durch die einsame Bergwelt kurve, steht plötzlich gleich hinter einer der unzähligen Biegungen ein uniformierter Polizist auf der Straße. Die über der rechten Schulter griffbereit hängende Maschinenpistole seines Kollegen erinnert mich daran, dass wir uns hier immer noch im Baskenland befinden, wo Konflikte zwischen der Obrigkeit und den Separatisten jahrzehntelang zur Tagesordnung gehörten. Auch wenn es heute wesentlich ruhiger als noch in den Neunzigern ist, so ganz ausgestanden sind die Streitigkeiten nicht. Als Touristen identifiziert

Picknick am Pass.

werden wir aber gleich durchgewunken und mit einem freundlichen Gruß ins Nachbarland verabschiedet.

Café au lait

In *Saint-Étienne-de-Baigorry* beginnt das *Vallée des Aldudes*. Das kleine, urige Bergdorf besticht gleich durch mehrere Châteaus, Kapellen und seine für diese Region so typischen weißen Häuser mit leuchtend roten Läden. Eine alte, steinerne Bogenbrücke führt über den Bergfluss *Nive des Aldudes* und mitten im Zentrum ruft die Terrasse des Straßencafés nach uns. Natürlich geben wir dem Ruf nach und ordern einen großen Café au lait und ein Croissant. Gestärkt tauchen wir ein ins Vallée des Aldudes und folgen Straße und Bergbach, die sich das Tal teilen. Steil führt die *D948* und später die *D58* in die Berge. Ganz in der Nähe von *Aldudes* decken wir uns auf einem Bauernhof mit frischem Schafskäse ein. Die Region ist bekannt für den Ossau-Iraty, der traditionell hergestellte Schafskäse ist geschützt

Ein bisschen Kultur kann nie schaden.

Ruinöse Gemäuer am Rio Bidasoa.

Einsame Passhöhe in Navarra (unten) und Entspannung pur auf der spanischen Seite (rechts).

und darf nur in bestimmten Bereichen des Béarn und des Baskenlands hergestellt werden.

Kaum haben wir uns mit dieser französischen Spezialität eingedeckt, folgt schon gleich der nächste Grenzübergang und wir finden uns auf spanischem Boden wieder. Am südlichsten Punkt der Route drehen wir eine große Runde um den Stausee *Embalse de Eugi*, überqueren das 894 Meter hohe *Alto de Egozkue* und schlagen

durch das *Valle de Anue* wieder den Weg nach Norden ein. Aber natürlich nicht ohne unser obligatorisches Picknick an einem der vielen spannenden Aussichtspunkte zu genießen.

Kurvenreiche Alternative

Zügig führt uns die gut ausgebaute *Nationalstraße 121* mit einem langen Tunnel unter dem *Puerto de Belate* hindurch. Normalerweise wählen wir stets die oberirdische Variante und in der Regel ist das auch hier möglich.

Allerdings ist die kurvenreiche Alternative über die enge Bergstrecke gerade für einige Tage gesperrt – Baustelle. Immer weiter führt uns die Nationalstraße in Richtung Küste und damit wieder auf Frankreich zu. Hier auf der Hauptverbindungsroute zwischen *Navarras* Hauptstadt Pamplona und der *Côte Basque* ist schon etwas mehr los als in der einsamen Bergwelt. Aber was soll's, die breit ausgebaute Straße lässt sich prima durchfliegen und

jede Art von Auto ist schnell überholt. Wir passieren das schöne *Valle del Bidasoa* und sind bald darauf dem entgegenkommenden Verkehr sehr dankbar. Haben doch zwei, drei Motorradfahrer uns mit deutlichen Handzeichen vor der versteckten Radarkontrolle am Stadtrand von *Bera* gewarnt – besten Dank, Kollegen!

Direkt entlang der Grenze, folgen wir schließlich den letzte Kilometern der N-121 nach *Hendaye*. Die Hafen- und Grenzstadt muss aber noch kurz warten. Neugierig wie wir sind, wollen wir erst noch die interessante Küstenstraße zu Füßen der *Monte Jaizkibel* unter die Reifen nehmen – ein Abstecher, der sich lohnt. Herrliche Aussichtspunkte geben den Blick auf den Atlantik frei. Die riesige Wasserfläche liegt uns glitzernd zu Füßen, weit draußen schneiden Fischerboote schnurgerade Linien in das Wellenmuster: ein fantastischer Blick aus fast 500 Metern Höhe.

Etwas weniger spektakulär, aber ebenfalls ein echtes Highlight ist die Corniche Basque zwischen Hendaye und Saint-Jean-de-Luz. Mit diesem herrlichen Stück Küstenstraße entlang der baskischen Küste beschließen wir die spannende und abwechslungsreiche Tagestour in Saint-Jean-de-Luz – ein würdiger Abschluss! ◄

An der Côte Basque überzeugen fantastische Sonnenuntergänge.

INFOS ZUR TOUR

CHARAKTERISTIK

Auch auf dieser Tour ist Abwechslung angesagt. Alle Arten von Straßen, alle Fahrbahnzustände, knackige Kehren, aber auch zügige Landstraßenabschnitte und – wer möchte – einige unbefestigte Kilometer sind im Angebot.

PÄSSE

Col de Saint Ignace (169 m), Puerto de Otxondo (602 m), Puerto de Izpegui (672 m), Alto de Egozkue (894 m).

ÜBERNACHTUNG

Escale Oceania Biarritz
19 Avenue De La Reine Victoria, F-64200 Biarritz
Zentrale Lage, nur 300 m vom Hauptstrand, komplett renoviert und sehr ansprechend.
escale-oceania-biarritz.h-rez.com
GPS 43.485281, -1.552438

Hôtel de la Plage
Promenade Jacques Thibaud
F-64500 Saint Jean de Luz
Toll gelegen nahe des alten Hafens, eigenes Restaurant mit fantastischem Meerblick.
www.hoteldelaplage.com
GPS 43.389800, -1.662957

KOMBINATIONSMÖGLICHKEITEN

Wer noch mehr Kilometer machen möchte, nimmt statt der schnellen N-121 durch das Valle del Bidasoa die östlich parallel verlaufenden kleinen Bergstraßen. Außerdem bietet sich ein alternativ auch noch ein Abstecher nach Pamplona an. Oder man verlängert diese spannende Runde bis nach San Sebastián, wo eine Stadtbesichtigung auf jeden Fall auf dem Programm stehen sollte. Hier lässt sich die Tour auch gut ausklingen.

congosto de
Las Devotas 1600 m

Tour **de Cols**

Mit seinen 2 115 Metern gilt der Col du Tourmalet als der höchste Straßenpass der französischen Pyrenäen. Er ist nicht das einzige Pässe-Highlight dieser Route auf den Spuren der Tour de France. Und wer zur richtigen Zeit hier ist, erlebt in El Formigal eines der größten spanischen Motorradtreffen. Aber Vorsicht: Mit der letzten Route dieses Buches lässt es sich noch mal so richtig schwindelig fahren.

In der Schlucht Congosto de las Devotas südlich von Bielsa.

LOURDES
ARGELÈS-GAZOST
Parc National des Pyrénées
Reserva nacional de Viñamala
Jaca
Sabiñánigo
Biescas
Laruns
Cauterets
Gavarnie
Luz-St-Sauveur
Col du Pourtalet
Col d'Aubisque
Col de Soulor
Col du Somport
Pic du Midi d'Ossau
Vignemale
Canfranc-Estación
Sallent de Gállego
Broto
Torla
Arudy

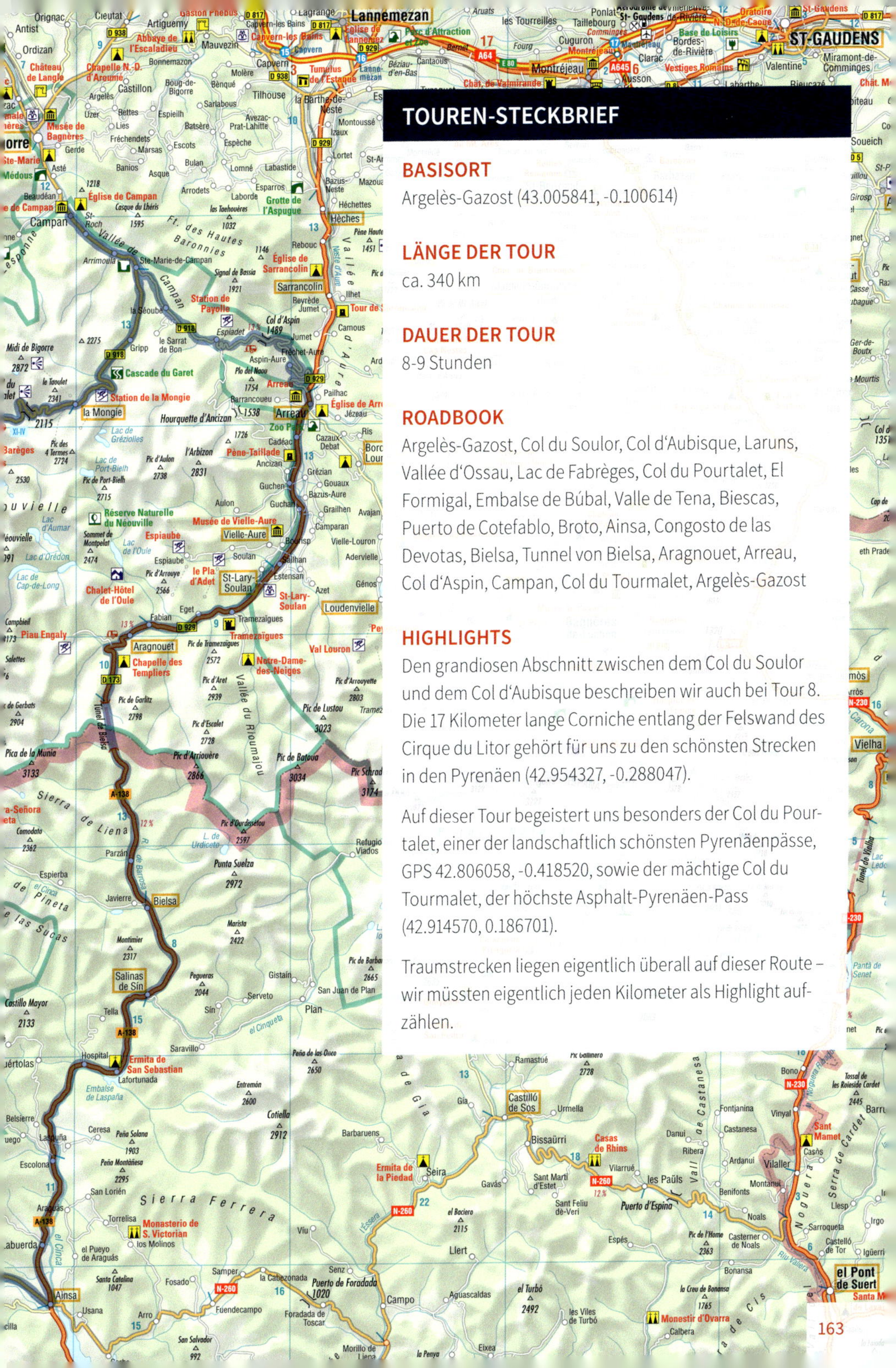

TOUREN-STECKBRIEF

BASISORT
Argelès-Gazost (43.005841, -0.100614)

LÄNGE DER TOUR
ca. 340 km

DAUER DER TOUR
8-9 Stunden

ROADBOOK
Argelès-Gazost, Col du Soulor, Col d'Aubisque, Laruns, Vallée d'Ossau, Lac de Fabrèges, Col du Pourtalet, El Formigal, Embalse de Búbal, Valle de Tena, Biescas, Puerto de Cotefablo, Broto, Ainsa, Congosto de las Devotas, Bielsa, Tunnel von Bielsa, Aragnouet, Arreau, Col d'Aspin, Campan, Col du Tourmalet, Argelès-Gazost

HIGHLIGHTS
Den grandiosen Abschnitt zwischen dem Col du Soulor und dem Col d'Aubisque beschreiben wir auch bei Tour 8. Die 17 Kilometer lange Corniche entlang der Felswand des Cirque du Litor gehört für uns zu den schönsten Strecken in den Pyrenäen (42.954327, -0.288047).

Auf dieser Tour begeistert uns besonders der Col du Pourtalet, einer der landschaftlich schönsten Pyrenäenpässe, GPS 42.806058, -0.418520, sowie der mächtige Col du Tourmalet, der höchste Asphalt-Pyrenäen-Pass (42.914570, 0.186701).

Traumstrecken liegen eigentlich überall auf dieser Route – wir müssten eigentlich jeden Kilometer als Highlight aufzählen.

Es ist irgendwie schwer zu glauben. Noch vor wenigen Minuten fuhren wir im dichten Nebel über den *Col du Soulor*, nahmen anschließend bei deutlich weniger als 50 Metern Sichtweite den *Col d'Aubisque* unter die Reifen und bogen in dichten Schwaden bei Laruns in Richtung des Pyrenäen-Hauptkamms nach Spanien ab.

Und nun, ganz plötzlich, in nicht weniger als zwei Minuten, lichtet sich schlagartig der Himmel. Erst sind nur kleine blaue Stellen zwischen den weißgrauen Wolken sichtbar, dann geht alles ruckzuck. Die letzten Wolkenfetzen verschwinden im Rückspiegel, wärmende Sonnenstrahlen fallen uns ins Gesicht und selbst der Asphalt ist von jetzt auf gleich vollkommen aufgetrocknet, als hätte es hier nie eine Wolke gegeben.

Wir sind im *Vallée d'Ossau* unterwegs, auf der großartigen *D934*, die ab Laruns, vorbei am über 2 000 Meter hohen *Pic de la Sagette*, zum *Col du Pourtalet* führt. Gerade passieren wir bei *Fabrèges* den gleichnamigen See und werden Zeugen dieses rasanten Wetterwechsels. Schon oft haben wir in den Pyrenäen einen schnellen Wechsel erlebt, aber selten so plötzlich. Heute morgen hatten wir noch in *Argelès-Gazost* überlegt, ob wir über-

haupt starten sollen, dann aber doch auf die innere Stimme gehört, die zum Aufbruch riet – gut so!

Beliebtester Pass

Von Argelès-Gazost und der fantastische Strecke über den Col du Soulor und den Col d'Aubisque schwärmten wir bereits in Tour 8, diesmal sollte es von dort aus in Richtung Süden gehen, hinüber nach Spanien. Eine gute Wahl, wie uns die angenehmen Sonnenstrahlen beweisen. An der Staumauer des Lac de Fabrèges lasse ich unser Mopped ausrollen und wir genießen den tollen Blick in der Sonne über die glitzernde Wasseroberfläche. Jenseits des Sees liegen die beliebten Skipisten und Lifte von Fabrèges, im Winter toben sich hier unzählige französische und spanische Skifahrer aus.

Grandiose Auffahrt zum Col du Pourtalet.

Weiter geht es entlang des *Gave de Brousset*, dem rauschenden Gebirgsbach, der sich die Hänge des *Pic du Pourtalet* hinab stürzt. Es ist nicht lange her, da wurde der Col du Pourtalet von den Lesern einer bekannten deutschen Motorradzeitschrift zum beliebtesten aller Pyrenäenpässe

Einfach nur schön: der Lac de Fabrèges.

Blick von der D934 am Col du Pourtalet.

gewählt. Kein anderer Pass in den Pyrenäen biete mehr Abwechslung. Eine Wahl, der wir nur zustimmen können. Die Strecke ist ein Traum: In sanften Bögen führt der Asphalt in die Höhe, auf die mächtigen Felswände zu, in deren Scharten sich selbst jetzt im Juli noch vereinzelte Schneereste verstecken. Weite hellgrüne, von der Sonne beschienene Wiesen wechseln sich mit dichten, dunklen Nadelwäldchen ab, rechts von uns rauscht das Wasser durch das steinige Bachbett, auf der linken Seite ragen steile Bergflanken in den Himmel.

Geier-Treff: Gemeinsam tafelt es sich netter.

Motorrad-Treffpunkt

Reichlich Bewegung auf einer der Wiesen weckt unsere Aufmerksamkeit. Im Näherkommen erkennen wir eine Riesenschar Geier, die sich aufgeregt um ein totes Tier streiten. Nur wenige Meter neben der Straße halten die mächtigen Greifvögel ihr gruseliges Mahl, rupfen große Stücke aus dem Aas und lassen sich von Zuschauern nicht stören. Im Tiefflug düsen immer neue Tischgäste über unseren Kopf hinweg und landen mitten im dichten Pulk.

Immer enger und spannender schraubt sich der Asphalt schließlich hinauf auf den Pass. Der Col du Pourtalet, Ziel des *Vuelta a España* und der Tour de France, ist der Treffpunkt der Motorradfahrer. Bisweilen parken auf der 1794 Meter hohen Passhöhe weit über 100 Motorräder. Auch wir parken unsere BMW vor einem der einladenden Cafés und gönnen uns einen leckeren Kaffee unter dem strahlend blauen Himmel.

Die GS fliegt

Auf der Südrampe lasse ich unsere GS über die spanischen Berghänge wieder in die Tiefe rollen. Gut fünf Kilometer hinter dem Pass liegt das riesige Skigebiet von *El Formigal* mit nicht weniger als knapp 137 Pistenkilometern auf fast 100 verschiedenen Pisten. Für Motorradfahrer auf BMW ist der Ort besonders interessant, hier starten jedes Jahr im September die spanischen BMW Motorrad Days. Ein Treffen vieler tausend Freunde der bayerischen Marke und ein Riesen-Event mit spannendem Programm. Entlang des Stausees *Embalse de Búbal* streben wir zügig gen Süden. Die Straße ist breit und gut ausgebaut. Im sechsten Gang fegen

Des Motorradfahrers Traum.

wir durch weite Kurven, überholen mit zackigem Dreh am Gasgriff den einen oder anderen PKW und lassen die GS durch das *Valle de Tena* fliegen.

In *Biescas*, dem sympathischen Örtchen und Touristenzentrum der Region, setze ich den Blinker und biege auf die *N-260* ab. Der historische Ortskern von *Biesca* rund um den einladenden *Plaza Mayor* ist zwar jederzeit einen Besuch wert, wir freuen uns aber auf die nun folgende Strecke. Nicht umsonst wird sie durch ein Kurvenschild mit dem Zusatz „35 km" eingeläutet. Und tatsächlich, auf den kommenden 35 Kilometern findet sich kaum ein Stück gerader Straße. Fort-

Bildschön gelegen: Sallent de Gállego.

während werfe ich die GS von links nach rechts, von rechts nach links, kernige Kehren und zackige Kurven bestimmen den Verlauf des Asphalts über den 1 423 Meter hohen *Puerto de Cotefablo* und hinüber nach *Broto*. Zudem sind wir fast alleine auf der tollen Bergstrecke unterwegs – welch ein Genuss!

Ab Broto wird die Streckenführung ein wenig ruhiger. Gar nicht verkehrt, können wir uns so ein bisschen von der wilden Kurvenjagd erholen. Über viele Kilometer folgen wir dem *Rio Ara* durch sein Tal, umgeben von hohen Felswänden und mächtigen Berggipfeln. Türkis schimmernd und weiß leuchtend, rauscht das Wildwasser rechts unter uns durch das felsige Bett, Kanufahrer paddeln durch die Wellen. Bei Ainsa steuere ich wieder in nördliche Richtung, wir folgen

Für die kleine Andacht zwischendurch: Kirche in Linas de Broto.

EXTRA-TIPP

BMW MOTORRAD DAYS IN EL FORMIGAL Der bildschön zwischen einem See und mächtigen Pyrenäengipfeln gelegene Skiort El Formigal ist jedes Jahr im September Treffpunkt vieler tausend BMW-Motorradfahrer. Hier starten die spanischen BMW Motorrad Days, das iberische Pendant der erfolgreichen Veranstaltung in Garmisch-Partenkirchen. Neben dem bayerischen Motorrad-Hersteller präsentieren sich dabei zahlreiche Zubehör-Hersteller, Customizer und interessante Größen der Motorrad-Szene. Hier lassen sich auch die neuesten Modelle der Bajuwaren testen und probefahren.

Dabei ist El Formigal nicht nur für BMW-Freunde interessant. Rund um den Bergort nahe der spanisch-französischen Grenze liegen die schönsten Pyrenäenstrecken und die höchsten Pässe des Gebirges (42.775275, -0.369329).

der *A-138*. Auch sie führt durch beeindruckende Schluchten mitten durch die zerklüftete Pyrenäenlandschaft, deren Höhepunkt die *Congosto de las Devotas* darstellt. Hier führt die Strecke durch eine spektakuläre, enge Schlucht gleich entlang steiler, hoch aufragender Felswände. Nach heftigen Regenfällen ist hier Vorsicht geboten. Das Wasser stürzt in heftigen Kaskaden direkt auf die Straße, und wenn es ganz dick kommt, tritt auch schon mal der Fluss über die Mauern am Straßenrand, dann geht hier nichts mehr. Davon sind wir aber heute weit entfernt, regelmäßig blitzt die Sonne über die Felswände und an Unwetter denkt heute niemand.

Perfektes Panorama

In *Bielsa*, mitten im *Parque Nacional de Ordesa y Monte Perdido* gelegen, versorgen die beste Sozia der Welt und ich uns im Dorfladen mit frischem Brot und leckerem Käse. Dazu ein wenig spanische Salami und etwas Obst, fertig sind die Zutaten für ein erhol-

Die A138 südlich des Tunnels von Bielsa bittet zum Spaß.

sames Picknick. Etwa 15 Kilometer weiter, gleich hinter dem zurück nach Frankreich führenden Tunnel von Bielsa, lasse ich die GS noch oberhalb von *Aragnouet* im Grün ausrollen. Von hier fällt der Blick tief ins Tal und auf die herrlichen Serpentinen, mit denen sich die *D173* die Berghänge hinunter schraubt. Der perfekte Platz, um die Decke im Gras auszubreiten und das grandiose Panorama samt lokaler Spezialitäten zu genießen.

Tour de France

Gut erholt und gesättigt, folgen wir der *D929* via *Saint-Lary-Soulan* nach *Arreau*. Das schöne Bergdorf entlässt uns in westlicher Richtung auf die Rampe des *Col d'Aspin*. Der 1489 Meter hohe Pass verbindet das *Aure-*

Am Tunnel von Bielsa locken tolle Landschaften.

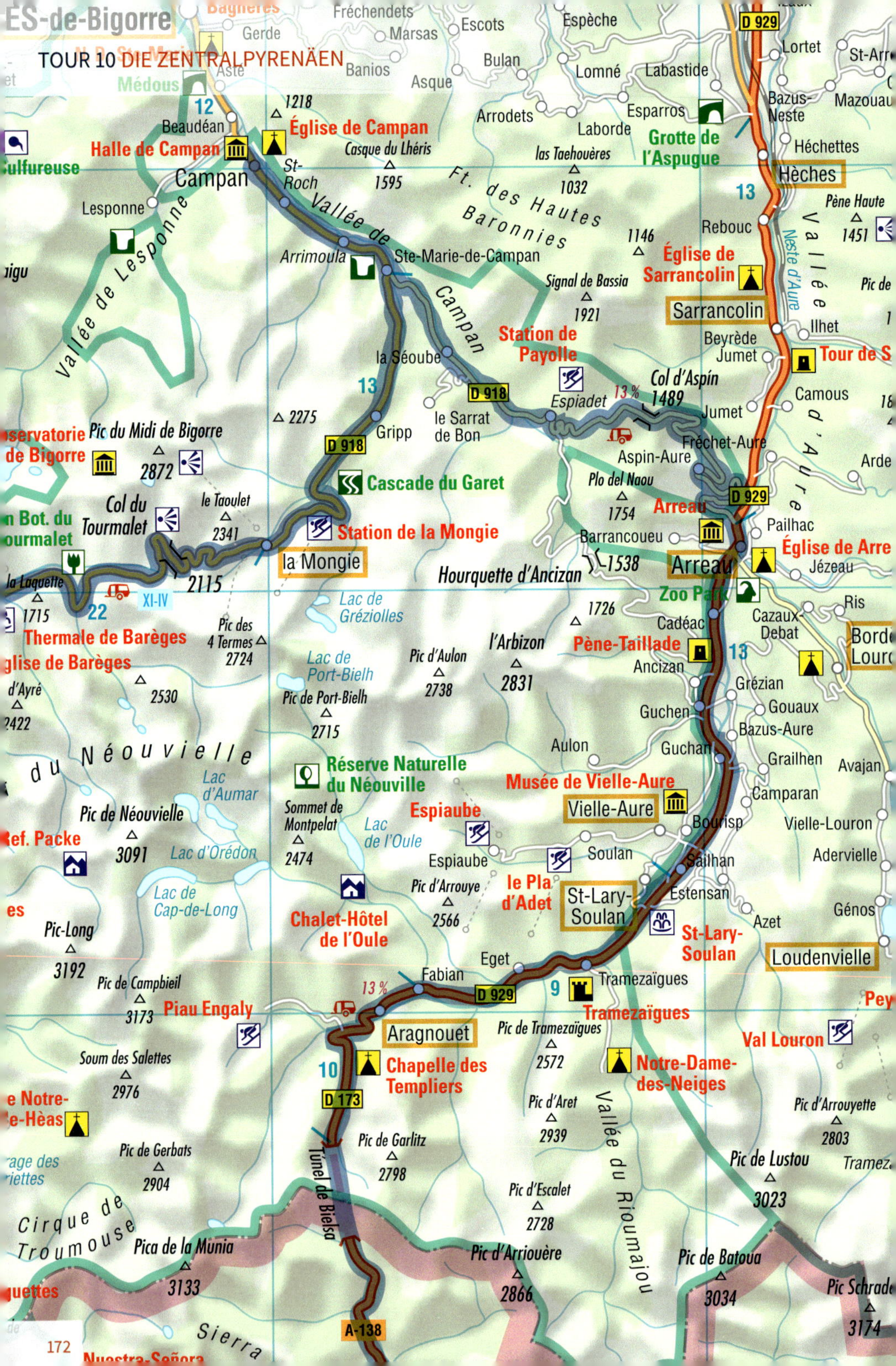
ES-de-Bigorre
Bagnères
Gerde
Fréchendets
Marsas
Escots
Espèche
D 929
Lortet
St-Arr
Médous
Asté
Banios
Asque
Bulan
Lomné
Labastide
Mazouau
12
1218
Église de Campan
Beaudéan
Halle de Campan
Arrodets
Laborde
Esparros
Grotte de l'Aspugue
Bazus-Neste
Héchettes
Casque du Lhéris
1595
St-Roch
Campan
Lesponne
las Taehouères
1032
Hèches
13
Ft. des Hautes Baronnies
Vallée de Campan
Arrimoula
Ste-Marie-de-Campan
Rebouc
Pène Haute
1451
1146
Église de Sarrancolin
Vallée de Lesponne
Signal de Bassia
1921
Sarrancolin
Neste d'Aure
Vallée d'Aure
Ilhet
Beyrède Jumet
Tour de S
Station de Payolle
la Séoube
Espiadet
13 %
Col d'Aspin
1489
Camous
Jumet
D 918
le Sarrat de Bon
2275
Gripp
Fréchet-Aure
Aspin-Aure
Arde
Observatorie de Bigorre
Pic du Midi de Bigorre
2872
Cascade du Garet
Plo del Naou
1754
D 929
Arreau
Col du Tourmalet
le Taoulet
2341
Station de la Mongie
Barrancoueu
Pailhac
Église de Arre
Bot. du Tourmalet
la Mongie
2115
Hourquette d'Ancizan
1538
Arreau
Jézeau
la Laquette
1715
22
XI-IV
Lac de Gréziolles
Zoo Park
Ris
Thermale de Barèges
Pic des 4 Termes
2724
1726
Cadéac
Cazaux-Debat
Église de Barèges
Lac de Port-Bielh
Pic d'Aulon
2738
l'Arbizon
2831
Pène-Taillade
Ancizan
Grézian
d'Ayré
2422
2530
Pic de Port-Bielh
2715
Guchen
Gouaux
Bazus-Aure
du Néouvielle
Aulon
Guchan
Grailhen
Avajan
Lac d'Aumar
Réserve Naturelle du Néouville
Musée de Vielle-Aure
Camparan
Pic de Néouvielle
3091
Sommet de Montpelat
2474
Espiaube
Lac de l'Oule
Vielle-Aure
Bourisp
Vielle-Louron
Ref. Packe
Lac d'Orédon
Espiaube
Soulan
Sailhan
Adervielle
Lac de Cap-de-Long
Chalet-Hôtel de l'Oule
Pic d'Arrouye
2566
le Pla d'Adet
St-Lary-Soulan
Estensan
Génos
Azet
St-Lary-Soulan
Pic-Long
3192
Eget
Loudenvielle
Pic de Campbieil
3173
Fabian
13 %
Tramezaïgues
Piau Engaly
D 929
9
Tramezaïgues
Aragnouet
Pic de Tramezaïgues
2572
Val Louron
Soum des Salettes
2976
10
Chapelle des Templiers
Notre-Dame-des-Neiges
Notre-Dame-de-Héas
D 173
Pic d'Aret
2939
Vallée du Rioumajou
Pic d'Arrouyette
2803
Pic de Gerbats
2904
Pic de Garlitz
2798
Pic de Lustou
3023
Tunel de Bielsa
Pic d'Escalet
2728
Cirque de Troumouse
Pica de la Munia
3133
Pic d'Arriouère
2866
Pic de Batoua
3034
Pic Schrade
3174
A-138
Sierra
Nuestra-Señora

mit dem im *Campan-Tal* und ist ein echter Dauerbrenner bei der Tour de France, fast 70 Mal stand er schon auf der Liste der Tour-Pässe. Uns fasziniert er mit seiner steilen, kurvigen Führung durch die dicht bewaldeten Berghänge. Im Geiste leiden wir mit den Radlern der Tour, die die fast durchgängigen steilen neun Prozent der Auffahrt hochstrampeln müssen – welch eine Leistung.

Ausgestopfte Mounaques

Südlich des Col d'Aspin öffnet sich das Vallée de Campan und führt weiter in Richtung des spektakulären *Col du Tourmalet*. Bevor wir den jedoch entern, lockt uns noch ein Abstecher nach *Campan*. Das Städtchen ist weit über die Region hinaus bekannt für seine witzigen Figuren, den Mounaques. Überall im Ort sitzen und stehen die lebensgroßen, mit Heu ausgestopften Puppen: auf Bänken und Liegestühlen, an der Bushaltestelle, auf Balkonen, in Vorgärten und in diversen Läden und Geschäften. Entstanden ist diese Tradition aus dem alten Brauch, bei einer Hochzeit

Mit Fernblick: die Ostrampe des Col d'Aspin.

Am Col d'Aspin, dem Tour de France-Klassiker.

auch die jungen Menschen des Ortes zur Feier einzuladen. Wer das nicht tat, dem setzte die Jugend eine Puppe vor die Tür und schlug einen Monat lang regelmäßig vor der Haustür ordentlich Krach. Den Lärm gibt es heute nicht mehr, aber die Puppen haben sich ihren Platz auch ohne Hochzeiten erhalten können.

Zurück nach Argelès-Gazost führt uns schließlich der großartige *Col du Tourmalet*. Er bildet den höchsten asphaltierten Pass der französischen Pyrenäen und ist gleichzeitig der am meisten frequentierte Pass der Tour de France. Im Jahr 1910 wurde er als erster Hochgebirgs-Pass überhaupt in das Repertoire der Tour aufgenommen. Für Motorradfahrer ist er der Traum schlechthin: Die nicht enden wollende Kurvenfahrt führt durch eine der aufregendsten und schönsten Berglandschaften der Pyrenäen. Ein würdiger Abschluss für eine grandiose Bergrunde. ◀

Nicht so gesprächig, die Einheimischen.

INFOS ZUR TOUR

CHARAKTERISTIK

Diese Tour lässt garantiert nichts vermissen: Wildes Kurvengeschlängel auf schmalen Bergstraßen, perfekter Asphalt auf gut ausgebauten Landstraßen, grandiose Streckenführungen und jede Menge faszinierende Pyrenäen-Pässe garantieren Spaß pur. Hier kommen aber nicht nur Kurven-Junkies auf ihre Kosten. Auch die rechts und links der Strecke liegenden Landschaften mit ihren fantastischen Panoramen machen die Tour einmalig. Einige der Pässe können außerhalb der Saison gesperrt sein. Die Schließungen variieren jedoch je nach Witterung. Einen aktuellen Überblick darüber gibt es im Internet auf der Internetseite **www.sport-passion.fr/parcours/etat-cols-pyrenees.php.**

PÄSSE

Col du Soulor (1474 m), Col d'Aubisque (1709 m), Col du Pourtalet (1794 m), Puerto de Cotefablo (1423 m), Col d'Aspin (1489 m), Col du Tourmalet (2 115 m)

ÜBERNACHTUNG

La Place Carlo Guzzi

36-38 Route du Brocas, F-31210 Pointis de Rivière
Sehr nettes deutschsprachiges Haus mit Garage und Motorradsammlung.
www.place-carlo-guzzi.com
GPS 43.089397, 0.625768

KOMBINATIONSMÖGLICHKEITEN

Zwar ist diese Strecke schon reichlich lang, wer jedoch gar nicht genug bekommen kann, fährt ab Arreau noch einen Abstecher zum Col de Peyresourde. Natur pur bietet der optionale Abstecher in das spanische Valle de Pineta südlich des Tunnels von Bielsa.

Kombinieren lässt sich diese Tour zudem sehr gut mit der Tour 8, die ebenfalls in Argelès-Gazost beginnt. Aus den beiden Routen lässt sich auch prima eine Zweitages-Tour bauen.

KLIMA | WETTER | REISEZEIT

Auch hier gilt: Eine einheitliche Aussage über die Gesamtregion der Pyrenäen ist unmöglich. Durch die unterschiedlichen Geographien der Regionen ist das Klima sehr unterschiedlich und besteht aus mehreren Klimazonen.

Das Frühjahr ist durchaus schon eine reizvolle Reisezeit. Es grünt und blüht überall und das touristische Treiben hält sich noch sehr in Grenzen. Allerdings kann es in der Biskaya am Atlantik noch recht frisch sein und in den Bergen sowieso. Altschnee liegt bis in den Mai, teilweise sogar noch im Juni auf den höchsten Pässen.

Natürlich ist gerade für das Hochgebirge der Sommer als Reisezeit besonders geeignet. Auf der einen Seite ist im Juli und im August der Andrang, bedingt durch die französischen Ferien, am größten, andererseits sind die Pyrenäen in dieser Hinsicht nicht mit den Alpen zu vergleichen. In den Nebentälern ist vom Trubel kaum etwas zu spüren und auch auf den bekannteren Pässen hat man schnell das eine oder andere Auto überholt. Außerdem ist der Sommer natürlich die Picknickzeit schlechthin, die Wiesen sind gespickt mit blühenden Pflanzen und man steht nirgends vor verschlossenen Türen. Das atlantische Klima an der Biskaya steht im Sommer im Kontrast zum milden Mittelmeerklima. Am Atlantik stürmt es auch schon mal im Sommer und es gibt frische Tage oder mal einen Schauer.

Generell gilt, dass das Wetter auch am gleichen Tag regional sehr unterschiedlich sein kann. Herrschen auf der französischen Seite Wolken vor, reicht bisweilen ein Abstecher gen Süden, um jenseits der spanischen Grenze die Sonne zu genießen. Einen besonderen Reiz haben übrigens auch Pyrenäen-Herbsttouren. Wenn dann in den Laubwäldern die Farben des Indian Summer aufleuchten, ist das ein fantastisches Bild.

Übrigens, egal, zu welcher Jahreszeit: Iist man im Hochgebirge mit dem Motorrad unterwegs, sollte man sowieso immer Regenkleidung dabei haben. Im Hochland kann das Wetter rasch wechseln. Bei Bergtouren auch lieber einen warmen Pulli mehr mitnehmen. Der morgendliche Blick in den blauen Himmel garantiert keine Sonnentour am Nachmittag.

PRAKTISCHES

Für den Fall des Notfalles helfen die Konsulate der Heimatländer kompetent weiter. Die den Pyrenäen am nächsten liegenden in Frankreich sind die Folgenden:

DEUTSCHES KONSULAT

48 Rue Claude Bernard, Perpignan
T. 04 68 35 60 84

DEUTSCHES KONSULAT

377 Boulevard du Président Wilson
Bordeaux-Caudéran
T. 05 56 17 12 22

ÖSTERREICHISCHES KONSULAT,

86 Cours Balguerie-Stuttenberg
Bordeaux
T. 05 55 60 00 070

SCHWEIZERISCHES KONSULAT
14, Cours Xavier Arnozan
Bordeaux
T. 05 56 52 18 65

In Spanien helfen folgende Konsulate:

DEUTSCHES KONSULAT
Passeig de Grassia 111, Barcelona
T. 093 29 21 000

DEUTSCHES KONSULAT
Calle San Vicente 8
Edificio Albia, Planta 13, Bilbao
T. 094 42 38 585

ÖSTERREICHISCHES KONSULAT
Calle Club 8 bajo
Las Arenas/Areeta, Bilbao
T. 094 46 37 432

ÖSTERREICHISCHES KONSULAT
Calle Mallorca 214 atico, Barcelona
T. 093 45 34 980

SCHWEIZERISCHES KONSULAT
Gran Via de Carlos III. 94
7°, Edificios Trade, Barcelona
T. 093 40 90 650

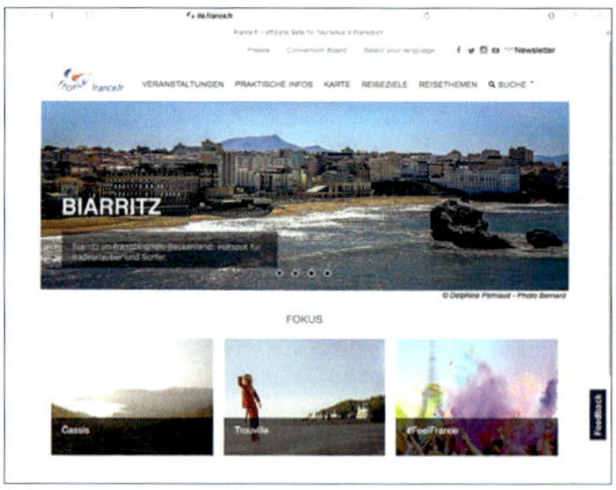

http://de.france.fr ist der offizielle, hoch interessante und hilfreiche Internetauftritt von Atout France, der Französischen Zentrale für Tourismus. Die E-Mail-Adresse ist **info.de@france.fr**, die Postanschrift lautet: **ATOUT FRANCE** - Französische Zentrale für Tourismus, Postfach 100128, D-60001 Frankfurt am Main. Viele hilfreiche Tipps und jede Menge Vorgeschmack auf einen tollen Urlaub gibt es auch auf **www.tourismus-midi-pyrenees.de**.

Das entsprechende spanische Gegenstück ist die Seite **www.spain.info**. Touristeninformation und Prospektbestellung per E-Mail unter **berlin@tourspain.es** und per Post an: **SPANISCHES FREMDENVERKEHRSAMT**, Myliusstraße 14, 60323 Frankfurt am Main.

Sehr hilfreich ist in Frankreich das örtliche „**OFFICE DE TOURISME**" oder das „**SYNDICAT D'INITIATIVE**", das in fast jeder etwas größeren französischen Pyrenäen-Gemeinde existiert. Hier gibt es Infos, Broschüren, Karten, freundliche Hilfe bei der Suche nach Unterkünften und Camingplätzen und mehr. In Spanien heißen die Büros meist „**OFICINA DE TURISMO**" und sind natürlich nicht weniger hilfsbereit.

ANREISE

Viele Wege führen in die Pyrenäen. Die schönsten natürlich mit viel Muße über herrliche, französische Landstraßen. Da aber die wenigsten Reisenden so viel Zeit haben, wird meist zügig über die Autobahn angereist. Dafür bietet sich in erster Linie das Rhône-Tal an. Via Lyon geht es auf der französischen A7 gen Süden und dann ab Orange auf der A9 in Richtung Pyrenäen. Aus Deutschlands Nordwesten lässt sich übrigens auch prima via Paris und dann entlang der A10 und der A63 reisen. Dann erfolgt der Einstieg in die Pyrenäenkette über die Biskaya bei Biarritz.

Früher bestand die sehr reizvolle Möglichkeit, via Bahnverladung bis Narbonne zu reisen. Leider hat die Deutsche Bahn diesen Service inzwischen eingestellt. Es gibt jedoch zur Zeit einige private Anbieter, der Markt ist diesbezüglich gerade sehr in Bewegung. Ein Blick auf die Internet-Seite **www.autoreisezug-planer.de** verschafft aktuell Klarheit.

NOCH EIN WICHTIGER TIPP: Die Strafen für Verkehrsvergehen sind in Frankreich, wie fast überall in Europa, wesentlich höher als in Deutschland. Zwar haben wir persönlich französische Polizisten meist als sehr entspannt erlebt, aber wenn es blitzt, kann es richtig teuer werden. Deshalb empfehlen wir eine relaxte Fahrweise, was durchaus Geld und Nerven schonen kann – man ist ja schließlich im Urlaub.

LITERATUR | REISEFÜHRER | KARTEN

Die wohl besten Straßenkarten für die Pyrenäen sind unserer Meinung nach die **„ZOOM"-KARTEN** von **MICHELIN** im Maßstab 1:150.000. Es gibt drei Blätter: **HOCHPYRENÄEN** (ISBN 978-2067140738), **ÖSTLICHE PYRENÄEN** (ISBN 978-2067140745) und **ATLANTISCHE PYRENÄEN** (ISBN 978-2067140721). Diese Karten glänzen nicht nur mit einem übersichtlichen Straßenbild, sie verfügen auch über zahlreiche Zusatzinformationen wie zum Beispiel Straßenbeschaffenheit, Sehenswürdigkeiten, Campingplätze und verschiedene Stadtpläne. Ein umfangreiches Ortsregister erleichtert die rasche Orientierung. Die Karten kosten je 7,99 Euro und sind wie die weiter beschriebenen Reiseführer im Buchhandel oder via Amazon erhältlich.

Als Alternative und für regelmäßige Frankreichfahrer bietet sich übrigens auch der **MICHELIN STRASSENATLAS FRANKREICH** mit Spiralbindung im DIN A4-Format an. Das Kartenwerk zeigt das komplette Land im Maßstab 1:200.000, die Seiten lassen sich einfach heraustrennen und dank der handlichen Größe gut im Kartenfach des Tankrucksacks unterbringen. Zudem sind 62 Stadtpläne und eine Übersichtskarte dabei. ISBN 978-2067193024, bei Amazon 19,99 Euro.

Als Reiseführer empfehlen wir den Band „**REISE KNOW-HOW PYRENÄEN**: Reiseführer für individuelles Entdecken“ von Michael Schuh im **REISE KNOW-HOW VERLAG**. Die 2015er Auflage bietet auf 660 Seiten zahlreiche Fotos, 47 Stadtpläne und Karten, ein Glossar Französich/Spanisch/Katalanisch, ein ausführliches Register und eine Vielzahl an Tipps, Vorschlägen und Hinweisen für einen gelungenen Urlaub. Der Reiseführer kostet 23,90 Euro.

ISBN 978-3831721740

Viele weitere hilfreiche Tourenvorschläge gibt es im Motorradkarten-Set „**PYRENÄEN MIT COSTA BRAVA**“ von **BIKER BETTEN IM TVV TOURISTIK VERLAG** (ISBN 978-3-937063-15-7). Für 19,95 Euro gibt es das ultimative Kartenset mit acht folierten, wasserabweisenden und reißfesten Karten, alle mit eingezeichneten und beschriebenen Touren sowie vielen an den Routen liegenden Unterkünften für Motorrad-Reisende und Tourenfahrer in einer praktischen Tasche mit Reißverschluss im Tourenmaßstab 1:250.000. Erhältlich ist das Set im Buchhandel, via Amazon oder unter

www.bikerbetten.de. Dort gibt es übrigens jede Menge weitere Tipps zu Motorradtouren durch ganz Europa.

Klein und handlich ist die **BIKER BETTEN KARTENBOX PYRENÄEN** aus unserem **TVV TOURISTIK VERLAG**. Für 11,95 Euro gibt es die ultimative Kartenbox mit acht informativen Papierkarten zu den schönsten Motorrad-Regionen zwischen Frankeich und Spanien. Alle Karten stellen jeweils fünf eingezeichnete und beschriebene Touren vor und weisen natürlich

auch auf an den Routen liegende und empfehlenswerten Unterkünften für Motorrad-Reisende hin.

ISBN 978-3-937063-33-1

UNTERKUNFT

In Frankreich und Spanien werden alle Arten von Übernachtungsmöglichkeiten angeboten. Einen Platz für die Nacht zu finden, ist in den Pyrenäen im Normalfall relativ einfach. Wir haben damit noch nie ein Problem gehabt. Einzig im Haupt-Ferienmonat August kann die Suche schon mal etwas länger dauern. Dann kann es in der Nähe der Touristenzentren hilfreich sein, Unterkünfte vorher zu reservieren. Dies geht problemlos über die oben genannten Internetseiten oder die einschlägigen Portale wie booking.com. Spontanes Übernachten sollte allerdings ein wenig Abseits der Hauptorte das ganze Jahr über möglich sein.

In den Pyrenäen gibt es eine ganze Reihe sehr schöner Campingplätze in allen möglichen Größen und Ausstattungen. Das reicht vom Fünf-Sterne-Platz mit Rundum-Service an der Küste bis zur einfachen Zeltwiese mit Scheunendusche beim Bauern. Das Angebot ist riesig und auch hier gilt: Ein wenig abseits des Haupttrubels lässt sich rund ums Jahr immer etwas finden.

Wir fanden den Campingplatz Casal mitten in Canillo in Andorra sehr sympathisch. Nur wenige Meter vom Platz entfernt gibt es übrigens auf der Hauptstraße des Ortes ein kleines, aber feines Motorradmuseum mit interessanten Exponaten aus 100 Jahren Motorradgeschichte.

Kleiner **Sprachführer**

Für eure Motorradreise in die Pyrenäen sind hier die wichtigsten Begriffe und Redewendungen in Französisch zusammengestellt.

Hinweise zur Aussprache | Sonderzeichen:

â	dunkler als das dt. a	Bsp. theâtre (Theater)
ç	stimmloses s wie in Tasse	Bsp. ça (das)
é	geschlossenes e	Bsp. étudiant (Student)
è	offenes ä	Bsp. mère (Mutter)
ê	offenes e	Bsp. fenêtre (Fenster)
ô	geschlossenes o	Bsp.: Region Rhône-Alpes
œ	geschlossenes ö	Bsp. cœur (Herz)
û	geschlossenes ü	Bsp. bien sûr (natürlich)

VERSTÄNDIGUNG

ja / nein	oui / non
was / wann / wo/ hier	quoi / quand / où / ici
Sprechen Sie Deutsch?	Vous parlez allemand?
Haben Sie mich verstanden?	Vous avez compris?
Ich habe verstanden.	J'ai compris.
Ich habe das nicht verstanden.	Je n'ai pas compris.

BEGRÜSSUNG | VERABSCHIEDUNG

Hallo	Salut
Guten Tag / Abend	Bonjour / Bonsoir
Wie geht es Dir / Ihnen?	Comment vas-tu / alllez-vous?
Danke, gut. Und Dir / Ihnen?	Très bien, merci. Et toi / vous?
Auf Wiedersehen / tschüss	Au revoir / Salut

KENNENLERNEN

Ich heiße…	Je m'appelle…
Wie heißt Du / heißen Sie?	Comment tu t'appelles / vous appelez-vous?
Woher kommst Du / kommen Sie?	D'où viens-tu / venez-vous?
Ich komme aus Deutschland / Österreich / der Schweiz	Je viens d'Allemagne / d'Autriche / de Suisse.

HÖFLICHKEIT

Bitte	S'il vous plaît
(Vielen) Dank (e)	Merci (beaucoup)
Könnten Sie mir bitte helfen?	Est-ce que vous pourriez m'aider, s'il vous plaît?
Entschuldigen Sie!	Excusez-moi / Pardon!
Das tut mir leid!	Je sui désolé!
Das macht nichts!	Ça ne fait rien!

NOTRUFNUMMERN IN FRANKREICH (generell: 112)

17 (Polizei) | 18 (Feuerwehr) | 19 (Rettungswagen)

UNTERKUNFT

Wo ist die Touristeninformation?	Où se trouve l'office du tourisme?
Können Sie mir ein gutes Hotel / preiswertes Hotel / eine Pension / eine Privatunterkunft empfehlen?	Vous pourriez me recommander un bon hôtel / un hôtel pas trop cher / une pension / une location chez l'habitant?
Wie komme ich dorthin?	Comment est-ce que je peux m'y rendre?
Haben Sie ein Einzelzimmer / Doppelzimmer frei?	Vous auriez une chambre pour une personne / deux personnes?
Wie viel kostet es?	Combien ça coûte?
Ich nehme es!	Je la prends!

WETTER

Was sagt der Wetterbericht?	Que dit la météo?
Es wird schön / warm / heiß / schwül / kalt / schlecht	Il va faire beau / chaud / très chaud / lourd / froit / mauvais.
Es wird regnen	Il va y avoir de la plue.
Es wird ein Gewitter kommen	Il va y avoir un orage.
Sonne	le soleil

RUND UMS BIKEN

Anlasser	le démarreur	Parkplatz	le parking
Auspuff	le pot d'échappement	Reifen	le pneu
Ersatzteil	la pièce de rechange	Reifendruck	la pressions des pneus
Führerschein	le permis de conduire	Schlüssel	la clé
Grenze	la frontière	Straße	la route / la rue
Helm	le casque	links / rechts	gauche / droite
Kreuzung	le carrefour	geradeaus	tout droit
Licht	la lumière	ziemlich weit	assez loin
Maut	le péage	nicht weit	pas loin
Öl	l'huile	zurück	en arrière

FÄHRE

Wann fährt die nächste Fähre nach…ab?	Quand part le prochain ferry pur…?
Wie lange dauert die Überfahrt nach…?	Combien de temps dure la traversée pour…?
Wann legen wir in…an?	Qand est-ce qu'on accoste à…?

UNTERWEGS

Entschuldigung, wo ist…?	Pardon, où est…?
Wie komme ich zu / nach…?	Pour aller à… ?
Können Sie mir das bitte auf der Karte zeigen?	Vous pouvez me le montrer su la carte, s'il vous plaît?
Wie viele Minuten mit dem Motorrad?	C'est à combien de minutes en moto?
Ist das die Straße nach…?	C'est bien la route pour…?
Wie komme ich zur Autobahn?	Comment arriver sur l'autoroute?
Wo kann ich mein Motorrad abstellen?	Où puis-je garer la moto?
Wie viel kostet das?	Ça coute combien?
Tut mir leid, dass weiß ich nicht!	Je suis desolé, je ne sais pas!

ESSEN UND TRINKEN

essen / trinken	manger/ boire
Wo gibt es hier ein preiswertes / typisches Restaurant?	Où y a-t-il ici un restaurant pas trop cher / typique?
Einen Tisch für … Personen bitte!	Une table pour … personnes, s'il vous plaît!
Die Speisekarte bitte!	La carte, s'il vous plaît!
Kann ich noch etwas Warmes zu essen bekommen?	Est-ce que je peux encore avoir quelque chose de chaud à manger?
Ich möchte nur etwas trinken.	Je voudrais seulement boire quelque chose.
Suppe	soupe
kalte Vorspeisen	hors-d'œuvre
Fleischgerichte	viandes
Fisch	poissons
Gemüse	légumes
Beilagen	garnitures
Käse	fromages
Getränke	consommations
Bier	bière
Rotwein / Weißwein	vin rouge / vin blanc
Wasser (mit / ohne Kohlensäure)	l'eau (gazeuse / non-gazeuse)
Tasse	la tasse
Glas	le verre
Teller	l'assiette
Messer	le couteau
Gabel	la fourchette

Löffel	la cuillère
Schüssel	le plat
Flasche	la bouteille
Die Rechnung bitte	L'addition, s'il vous plaît!
Frühstück / Mittagessen / Abendessen	le petit déjeuner / le déjeuner / le dîner
bestellen	commander
bezahlen	payer

RUND UM DIE PANNE / DEN UNFALL

Bitte helfen Sie mir!	Aidez-moi, s'il vous plaît!
Ich habe kein Benzin mehr	Je suis en panne sèche.
Wo ist die nächste Tankstelle?	Où se trouve la station-service la plus proche?
Ich habe eine Reifenpanne.	Jai un pneu crevé.
Ich habe eine Motorpanne.	J'ai une panne de moteur.
Die Batterie ist leer.	La batterie est vide.
kaputt	cassé
Wie teuer wird die Reparatur ungefähr sein?	Combien va coûter la réparation, à peu près?
Wann ist es fertig?	Elle sera prête quand?
Wo ist die nächste Werkstatt?	Où est le garage le plus proche?
Es ist nicht meine Schuld!	Ce n'est pas de ma faute!
Ich hatte Vorfahrt!	J'avais la priorité!
Sie sind zu schnell gefahren!	Vous avez roulé trop vite.
Sie haben zu wenig Sicherheitsabstand gehalten!	Vous m'avez collé!
Zeuge	témoin
Es ist ein Unfall passiert!	Il y a eu un accident!
… Personen sind (schwer) verletzt.	Il y a … blessés (graves)
Rufen Sie bitte schnell die Polizei / die Feuerwehr / einen Krankenwagen!	Vite, appelez la police / les pompiers / une ambulance!
Ich bestehe darauf, die Polizei zu rufen!	Je voudrais que l'on appelle la police!

GRUNDZAHLEN

0 zéro
1 un/une
2 deux
3 trois
4 quatre
5 cinq
6 six
7 sept
8 huit
9 neuf
10 dix
11 onze
12 douze
13 treize
14 quatorze
15 quinze
16 seize
17 dix-sept
18 dix-huit
19 dix-neuf
20 vingt
30 trent
40 quarante
50 cinquante
60 soixante
70 soixante-dix
80 quatre-vingts
90 quatre-vingt-dix
100 cent
200 deux cents
1000 mille
2000 deux mille

Kleiner **Sprachführer**

Für eure Motorradreise in die Pyrenäen sind hier die wichtigsten Begriffe und Redewendungen in Spanisch zusammengestellt.

Hinweise zur Aussprache | Sonderzeichen:

c vor a-o-u	K	
ñ	nj	(z.B. baño = banjo)
c vor e - i	wie th im Englischen	
ch	sch	
ll	j	(z.B. llover = jover)

VERSTÄNDIGUNG

ja / nein	si / no
was / wann / wo/ hier	Que / cuando / donde / aquí
Sprechen Sie Deutsch?	Habla aleman?
Haben Sie mich verstanden?	Me ha entedido?
Ich habe verstanden.	He entendido
Ich habe das nicht verstanden.	No he entendido

BEGRÜSSUNG | VERABSCHIEDUNG

Hallo	Hola
Guten Tag / Abend	Buenos dias / buenas tardes
Wie geht es Dir / Ihnen?	Como estas? / Como esta Usted?
Auf Wiedersehen / tschüss	Adios / hasta luego

KENNENLERNEN

Ich heiße…	Me llamo
Wie heißt Du / heißen Sie?	Como te llamas? Como se llama?
Woher kommst Du / kommen Sie?	De donde vienes? De donde viene?
Ich komme aus Deutschland / Österreich / der Schweiz	Vengo de Alemania/ vengo de Austria/ vengo de Suiza

HÖFLICHKEIT

Bitte	por favor
(Vielen) Dank (e)	gracias
Könnten Sie mir bitte helfen?	Podría ayudarme?
Entschuldigen Sie!	Perdone!
Das macht nichts!	no pasa nada

NOTRUFNUMMERN IN FRANKREICH (números de emergencía)

091 (pollicia) | 112 (bomberos) | 112 (ambulancia)

UNTERKUNFT

Wo ist die Touristeninformation?	Donde está la información turistica?
Können Sie mir ein gutes Hotel / preiswertes Hotel / eine Pension / eine Privatunterkunft empfehlen?	Me podría recomendar un hotel bueno / un hotel economico/ un alojamiento privado?
Wie komme ich dorthin?	Como puedo llegar ahí?
Haben Sie ein Einzelzimmer / Doppelzimmer frei?	Tiene una habitación individual / una habitación doble?
Wie viel kostet es?	Que es el precio? Cuando cuesta?
Ich nehme es!	lo tomaré

WETTER

Was sagt der Wetterbericht?	Que dice el boletín meteorológico?
Es wird schön / warm / heiß / schwül / kalt / schlecht	El tiempo será bien / caliente / caluroso / bochornoso / frío / mal
Es wird regnen	lloverá
Es wird ein Gewitter kommen	habrá tormenta
Sonne	el sol

RUND UMS BIKEN

Anlasser	el arrancador
Auspuff	tubo de escape
Ersatzteil	piezas de recambio
Führerschein	permiso de conducir
Zoll	duana
Grenze	fronters
Helm	csco
Kreuzung	cruze
Licht	luz
Maut	peaje
Öl	aceite
Parkplatz	aparcamiento
Reifen	ruedas
Reifendruck	presión de neumáticos
Schlüssel	llave
Straße	calle
links / rechts / geradeaus	izquierda/ derecha/ recto
weit	lejos
zurück	hacia atrás

FÄHRE

Wann fährt die nächste Fähre nach…ab?	A que hora sale el proximo ferri a...?
Wie lange dauert die Überfahrt nach…?	Cuando dura la pasada?
Wann legen wir in…an?	Cuando llegarémos a...?

UNTERWEGS

Entschuldigung, wo ist…?	Perdone, donde esta ...?
Wie komme ich zu / nach…?	Como puedo llegar a...?
Können Sie mir das bitte auf der Karte zeigen?	Podría enseñarmelo en le mapa?
Wie weit ist es?	Que lejos esta?
Wie viele Minuten mit dem Motorrad?	Cuantos minutos en moto?
Ist das die Straße nach…?	Es está la calle/ carretera a.../
Wie komme ich zur Autobahn?	Como puedo llegar a la autopista?
Wo kann ich mein Motorrad abstellen?	Donde puedo aparcar mi moto?
Wie hoch ist die Gebühr für ein Motorrad?	Que es la tarifa para una moto

ESSEN UND TRINKEN

essen / trinken	comer / beber
Wo gibt es hier ein preiswertes / typisches Restaurant?	Donde hay un restaurante económico/ típico cerca? cerca?
Einen Tisch für … Personen bitte!	Por favor una mesa para... Personas
Die Speisekarte bitte!	El menú/ la carta por favor
Kann ich noch etwas Warmes zu essen bekommen?	Todavía podría comer algo caliene?
Ich möchte nur etwas trinken.	Solo quiero beber algo
Die Rechnung bitte!	La cuenta, por favor
Suppe	la sopa
kalte / warme Vorspeisen	entremeses frios/ calientes
Fleischgerichte	platos de carne
Fisch	pescado
Gemüse	verduras
Beilagen	acompañamientos
Käse	el queso
Brot	el pan
Bier	le cerveza
Rot-/Weißwein	vino tinto/ blanco
Kaffee	el café
Wasser	el agua
Tasse	la taza
Glas	el vaso
Teller	el plato

Messer	el cuchillo
Gabel	el tenedor
Löffel	la cuchara
Frühstück	el desayuno
Mittagessen	la merienda
bestellen	pedir

RUND UM DIE PANNE / DEN UNFALL

Bitte helfen Sie mir!	Por favor, ayudeme!
Ich habe kein Benzin mehr	No tengo gasolina
Wo ist die nächste Tankstelle?	Donde está la gasolinera mas cerca?
Ich habe eine Reifenpanne	Tengo la rueda pinchada
Ich habe eine Motorpanne.	Tengo una avería del motor
Die Batterie ist leer.	la batería está vacia
kaputt	roto
Wie teuer wird die Reparatur ungefähr sein?“	Que va a costar aproximadamente la reparatura?
Machen Sie bitte nur das Nötigste.	Por favor aregle solo lo más necesario
Wann ist es fertig?	Cuando estará terminado?
Wo ist die nächste Werkstatt?	Donde está el taller mas cerca?
Es ist nicht meine Schuld!	no es mi culpa!
Ich hatte Vorfahrt!	Yo tenía preferencia de paso
Sie sind zu schnell gefahren!	Usted iba demasiado rápido!
Es ist ein Unfall passiert.	Hay una acidente
Zeuge	testigo
Ich bestehe darauf, die Polizei zu rufen!	Insisto a llamar la policia!
Rufen Sie bitte schnell die Polizei / die Feuerwehr / einen Krankenwagen	Por favor llame rápidamente la policia/ los bomberos/ una ambulancia

GRUNDZAHLEN

0	zero	10	diez	20	vente
1	uno	11	once	21	ventiuno
2	dos	12	doce	22	ventidos
3	tres	13	trece	25	venticienco
4	cuatro	14	cuatorce	50	cinquenta
5	cinco	15	quince	100	cien
6	seis	16	dieciséis	500	quinientos
7	siete	17	diecisiete	1000	mil
8	ocho	18	dieciocho	2000	osmil
9	nueve	19	diecinueve	10000	diezmil

Ainsa 163, 169
Amélie-les-Bains-Palalda 30
Andorra 2, 3, 21, 24, 25, 34, 35, 37, 38, 40, 42, 50, 51, 112, 181
Andorra la Vella 37, 38, 40, 42, 50
Aragnouet 171
Aragón 53, 56, 59, 60, 64, 67
Argelès-Gazost 130, 132, 142, 143, 164, 165, 174,
Argelès-Plage 126
Argelès-sur-Mer 116, 125, 126
Arreau 163, 171, 175
Arrens 130, 132, 133
Artzamendi 87, 91
Ascain 147, 149
Aude 2, 102, 108, 115, 118, 119, 120, 124
Aure 171
Ax-les-Therme 102, 109, 111
Ayerbe 56, 57, 64, 65
Banyoles 70, 77, 78
Barcelona 42, 46, 69, 70, 79, 80, 82, 83, 178
Baskenland 3, 15, 16, 17, 19, 92, 154, 156
Béarn 156
Besalú 70, 78
Biarritz 5, 7, 85, 87, 88, 89, 98, 99, 159, 179
Bidarray 87, 89, 93
Bielle 130, 135
Biescas 163, 168
Biskaya 2, 19, 88, 145, 148, 176, 179
Bois du Bager 130, 137
Bouleternère 22, 28, 35
Bourg-Madame 22, 34, 102, 104, 112, 113
Broto 163, 169
Cadaqués 70, 74, 75
Calella 82
Camino Francés 93
Canillo 22, 24, 34, 35, 40, 50, 181
Cap de Creus 35, 69, 70, 74, 75, 76, 77, 83
Cap del Bol 74
Carcassone 115, 116, 118, 119, 122
Castellfollit de la Roca 78
Castelnou 116, 124
Cirque du Litor 130, 133, 163
Col Bagargui 87, 96, 99
Col d'Ares 22, 33, 35
Col d'Aspin 163, 171, 173, 175
Col d'Aubisque 9, 129, 130, 133, 134, 135, 140, 143, 163, 164, 165, 175
Col d'Aubisque 135
Col de Balistres 70, 73
Col de Burdincurucheta 87, 93, 96, 99
Col de Creu 102, 106, 108
Col de Labays 130, 137, 143
Col de la Descargue 22, 30, 32, 35
Col de la Llose 102, 105, 106, 113
Col de la Pierre St. Martin 130, 141, 142, 143
Col de la Seille 22, 33, 35
Col de Marie-Blanque 130, 135, 143
Col de Méhatché 87, 91, 99
Col de Millères 22, 28, 35
Col de Pailheres 101, 108, 113
Col de Puymorens 22, 25, 26, 34, 35, 102, 111, 112, 113
Col de Saint Ignace 147, 149, 159
Col d'Ichere 130, 136, 143
Col du Lings 116, 120
Col du Pourtalet 62, 130, 135, 143, 163, 164, 165, 166, 175
Col du Somport 56, 67, 136, 143
Col du Soulor 129, 130, 132, 133, 140, 141, 142, 143
Col du Tourmalet 11, 161, 163, 173, 174, 175
Col Heguichouri 87, 96, 99
Coll de Jou 13, 38, 44, 46, 51
Coll de la Trava 38, 48
Coll de Port 38, 46, 49, 51
Collioure 69, 70, 73, 83, 115, 116, 126, 127
Col Xatard 22, 30, 35
Congosto de las Devotas 170
Corniche Basque 147, 148, 158
Costa Brava 5, 7, 35, 69, 73, 74, 77, 82, 180
Costa de Maresme 82
Côte Basque 5, 7, 145, 148, 157
Côte Vermeille 2, 28, 35, 73, 125
Couiza 116, 119, 120
Crêtes Blanches 130, 135
Cubières-sur-Cinoble 116, 121
Dancharia 147, 150
Défilé de la Baillanouse 32
Eaux-Bonnes 130, 135, 136
El Formigal 161, 167, 170
Elne 116, 125
El Port de la Selva 70, 74
El Segre 42, 48
Embalse de Búbal 163, 167
Embalse de la Sotonera 55, 64
Enveitg 22, 26, 34
Escot 130, 136
Esquedas 55, 64

Fabrèges 163, 164, 165
Ferrières 130, 141
Figueres 70, 77
Forca Réal 116, 122, 123
Gave de Brousset 165
Golf de Roses 77
Gorges de Galamus 115, 116, 121
Gorges du Ponte-Germe 130, 137
Gourette 130, 135
Hendaye 147, 148, 158
Hix 112
Huesca 53, 55, 62, 64, 67
Ibañeta-Pass 93
Ille-sur-Têt 116, 119, 123, 125, 127
Itxassou 90
Jaca 55, 56, 60, 62
Lac de Fabrèges 163, 165
Lac de Puyvalador Aude 102, 108
Lac de Vinça 28
Larrau 87, 95, 96
Laruns 9, 130, 135, 143, 163, 164
La Seu d'Urgell 38, 42, 48, 50
La Valira 42
Les Gavarres 78
Llançà 70, 73, 74
Massif du Canigou 125, 127
Montagne du Rey 140
Mont-Louis 21, 22, 27, 28, 102, 104, 105, 112, 113
Nive des Aldudes 89, 90, 92, 155
Odeillo 22, 26, 27, 108
Odèn 13, 38, 44
Olette 27
Oliana 42
Orgues 124, 125
Ossau-Iraty 155
Ouzom 140
Padern 116, 121
Pantà de la Llosa del Cavall 44
Pantà d'Oliana 42
Parc National des Pyrénées 44
Parc Natural de la Zona Volcanicà Garrotxa 44, 77
Parc Naturel Régional des Pyrénées Catalanes 101, 102, 106, 112
Parque Nacional de Ordesa y Monte Perdido 170
Pas de Guilhers 130, 137, 143
Pas de la Casa 22, 25
Pas de Roland 87, 92
Perpignan 19, 28, 34, 122, 177
Pic de Ger 135
Pic de la Sagette 164
Pic de Tarbezou 109
Pic d'Igountze 137
Pic du Canigou 22, 125
Pic du Pourtalet 165
Pico Gorramakil 145, 147, 151
Plateau de Bénou 130, 135
Platja d'Aro 78
Portbou 70, 73
Port del Comte 38, 44
Port d'Envalira 22, 24, 34, 35
Portlligat 70, 75
Prades 22, 28, 127
Prats-de-Mollo-la-Preste 22, 35
Puerto de Cotefablo 163, 169, 175
Puerto de Ibañeta 87, 97, 99
Puerto de Izpegui 147, 154, 159
Puerto de Monrepós 55, 62
Puerto de Oroel 55, 60
Puerto de Otxondo 147, 150, 159
Puerto Sierra Mayor 55, 57
Punta de Cap de Creus 70, 75, 76
Quérigut 102, 108
Ripoll 22, 33
Roncesvalles 87, 96, 97
Roses 70, 77
Route des Cols 28, 135, 137
Sabiñánigo 55, 62
St-Étienne-de-Baigorry 147, 155
Saint-Jean-de-Luz 147, 148, 158
Saint-Jean-Pied-de-Port 87, 89, 93, 94, 97
Saint-Lary-Soulan 171
Sant Feliu de Guíxols 70, 77, 79
Sare 147, 149
Serra del Cadi 37, 38, 46, 48, 50, 51
Sierra de Arcavell 50
Sierra de la Peña 59, 60
Sierra de Loarre 65
Sos del Rey Católico 55, 59, 60
Thuir 116, 125
Tossa de Mar 70, 79
Tuchan 116, 121, 124
Tuixén 38, 46
Vall Alto del Ter 33
Vallée d'Arrens 133
Vallée de Campan 163, 173
Vallée des Aldudes 147, 153, 155
Vallée d'Ossau 164
Villefranche-de-Conflent 22, 27, 34
Vinça 22, 28
Vuelta a España 166
Yesa 55, 60

1. Auflage Mai 2017 | © 2017

HERAUSGEBER

TVV Touristik-Verlag GmbH | Werner Henschel Str. 2 | D-34233 Fuldatal-Ihringshausen
Tel.: +49 (0) 561/400 85 - 0 | Fax: +49 (0) 561/400 85 - 21
info@bikerbetten.de | www.bikerbetten.de

Vertretungsberechtigter Geschäftsführer: Peter Schmitz
Registergericht: Kassel | Registernummer: 13254
Umsatzsteuer-Identifikationsnummer gemäß § 27 a Umsatzsteuergesetz: DE813611060

REDAKTION Hans Michael Engelke, www.engelke.tv

FOTOS Angelika und Hans Michael Engelke, www.engelke.tv

UMSCHLAGGESTALTUNG TVV Touristik-Verlag GmbH

KARTENBASIS © Kunth Verlag GmbH & Co. KG

ROUTEN Hans Michael Engelke, www.engelke.tv

PRODUKTION MoTourMedia, Wuppertal

LEKTORAT Text-o-Pix, Wuppertal

DRUCK UND WEITERVERARBEITUNG Silber Druck oHG, 34266 Niestetal

Die GPS-Daten gibt es zum kostenlosen Download auf **bikerbetten.de**

ISBN 978-3-937063-39-3

WWW.BIKERBETTEN.DE